自分で考えて動く部下が育つすごい質問30

大塚　寿

青春新書
INTELLIGENCE

はじめに　「キャラクター勝負」ではなく「一度読めばできるスキル」です！

「あんなに言ったのに、相手（部下や後輩）に伝わっていない……」と、感じたことはありませんか？

何度言っても、指示しないと動かない
繰り返し言っているのに、自分の頭で考えない
キツく言っても、期限や締め切りを守れない
やさしく言うと、同じミスを繰り返す
その都度注意したが、やっぱり報告がない

昭和の時代や平成初期までは、ほとんど存在していなかった「パワハラ」の概念が浸透しました。さらに「働き方改革」が加わって、仕事の遅い部下に残業で帳尻合わせをさせることはできなくなっています。

また、ダイバーシティーの推進により、部下を「～君」と呼ぶことを禁止する企業や団体も出てきました。

一方、新人も「ゆとり世代」から「悟《さと》り世代」となっています。

物心ついた時から身近なところにスマホがあり、知らないことはすぐにググれる「デジタルネイティブ」です。

自分の頭で考えたり、工夫する必要がなかった世代になったのです。

そんな新人や部下の上司や先輩たちは、日々のマネジメント場面、育成場面で、

「今の若手は傷つきやすいし、叱られ慣れてないから、キツくならないように丸めて言おう」

といったスタンスになりがちなわけです。あるいは、「親心で指導しても『パワハラ』、『セクハラ』と言われるんじゃ、もうコワくて何も言えないよ。『君子危うきに……』ではないが、触れないでおこう」という心境にもなるでしょう。気持ちは痛いほどわかります。

しかし、例えば、「言い方を丸めよう」とすると、ソフトになるばかりで厳しさがなくなったり、緊張感が伝わらなかったりする恐れがあります（思い当たる方がほとんどではないでしょうか?）。

残念ながら、このスタンスでは部下の成長は望めません。**「部下を育てることが下手な人」、「マネジメントができない人」という評価になり、ミソがついてしまいます。そこからの昇進・昇格がストップしてしまうことも少なくありません。**

いわゆる「プレーヤーとしては優秀だったけど、マネジャーとしては成果を出せなかった人（部下を育てられなかった人）」と評される一群の仲間入りをしてしまうわけです。

逆に、パワハラが厳しく問われる時代でも、部下が叱られ慣れていなくても、下に慕われている人がいます。

「あの人、なんか、言い方うまいよね」

と、評される人です。

同じ時代、環境の中にいるのに、両者の違いはいったい何なのでしょう？

「誰からも慕われる人柄の持ち主だ」

とか、

「キツいことを言っていても、なぜか憎めないキャラクターだ」

といったことではありません。

「言い方」を知っているか否かです。

誰でも簡単に習得できるのです。

いや、単なる「言い方」の問題なので、習得なんていうレベルではなく、本書を一度読んでいただければできるようになるでしょう。

つまり両者の違いは、**知っていれば誰でもできる、再現性の高いスキルの有無**にあったのです。

くり返しますが、「キャラ」ではないのです。

具体的には、言葉のかけ方を「質問」にするのがポイントです。

私たちは、いい質問をされると脊髄《せきずい》反射のように思考回路が回り始めます。「考えるな」と言われても考えたくなり、動き出したくなります。

この特性を、部下育成に利用しない手はありません。

令和の部下育成、マネジメントで成果を上げている人が多用しているのは、〝**質問スタイルの言葉がけ**〟だったのです。

一例をあげると、

NG「もっと積極的にね」

⇓

◎「〇〇さんは、ホントは何がやりたくてこの会社に入ったの？」

NG「『間に合わない』って、いまさら言われてもね」

⇓

◎「いい機会だから、後《あと》工程まで全部ハンドリングしてみようか？」

NG「要領悪いのに、勝手に進めちゃうからだよ」

⇓

◎「もっと効率よくできるとしたら、まずはどこから改善する？」

という要領です。

本書では、ビジネスシーンでの頻度が高い順に、30の育成場面について、

・**できる人ほどつい出ちゃう残念な言い方**と、その理由

・「自分で考え、動く」を引き出す言い方（「すごい質問」を使った言葉のかけ方）

を、紹介していきます。

必要に応じてアレンジしていただければ、これまで物足りなかった新人や部下が、自分で主体的に考えて動くようになるのを、そう日を置かずに目にすることができると思います。

もちろん、既に優秀な部下も、よりモチベーションを高めて上司を支えてくれるようになるでしょう。

あなた自身が**「部下への言い方がうまい人」**と噂《うわさ》されるようになれば嬉しいです。

では、始めましょう。

大塚　寿

目次

3章 つまずきやすい場面でのすごい質問9

《自分で考えて動く部下が育つ神ワザ》

4章 「困った部下」が戦力になるすごい質問9

《「あの人、うまいよね」と言われる神ワザ》

1章

《「よくいるタイプ順」トップ5への神ワザ》

「たった一言」で部下が考え始めるすごい質問5

まずは、「よくいる部下トップ5」について考えていきます。

ここで言う「トップ5」とは、「ケース（部下のタイプ）として多い順」という意味ですから、皆さんも思い当たるのではないでしょうか。

それでは早速、見ていきましょう。

1位 報告、連絡をしてこない人に

NG できる人ほどつい出ちゃう残念な言い方①

「○○さん、ホウレンソウしてくれないと、○○さんが何やってるか全く分からないよ。なんかあったとき責任とれんの？」

➡ココがアブない！ 苦言にしか聞こえない。責任を取るのは上司なので……。

◆「話しかけないでオーラ」を漂わせていませんか？

「報・連・相」は「報告・連絡・相談」の略称で、仕事の基本中の基本として広く知られていますが、部下や後輩からの報告、連絡を前提としているという欠点があります。

というのは、上司や先輩が忙殺されている時、「私に話しかけないでオーラ」が漂っていて、とても「ちょっといいですか～」とは話しかけられないという事情もあるのです。

気の小さい部下、心配性の後輩などは、報告や連絡のタイミングを逸してしまったり、報告や連絡をするのを躊躇《ちゅうちょ》したりして、ついには能動的な報告すらしなくなってしまいます。

問題は、そういう雰囲気をつくりだしてしまった上司や先輩の側にあります。

一方、そういった背景があるわけではないのに、報告、連絡に消極的な人もいます。

その理由も、上司から根ほり葉ほり聞かれたくない、ネガティブな報告をして叱られたくないといったことから、「報告をするのが単に面倒」というものまであります。

そうした双方の場面で効果があるのは、

「何かある？」

と、上司、先輩の方から報告や連絡を促す方法です。

報告を促したうえで、その報告に対し**「それで○○さんは、どう思う？」**と問えば、自然な流れで部下の発言まで促されるわけです。

この方法は特に上司、メンバー全員が仕事に忙殺されていて、皆の気持ちに余裕がない時に威力を発揮します。

忙しい時ほど「報・連・相」や情報共有が疎《おろそ》かになってミスやトラブルが多くなりますから、特にテンパっていそうに見える人、しんどそうな人には上司の方から「何かある?」と部下の発言を求めるコミュニケーションを促すべきなのです。

そうすることによって、スケジュールの遅延、トラブルの報告、そのことに対する本人の意見を聞けることになります。ミスや障害を未然に防いだり、障害の規模を最小限にとどめたりすることが可能になるのです。

さらに、

「何かある?　今なら5分くらい聞けるけど」

と、「今なら5分くらい聞けるけど」と付け足すと、5分ですむように端的なコミュニケーションに努めてくれるので、効率的な対話になります。整理されたコミュニケーションにすることを目的に、あえて「**5分**」と区切っているのです。

◆報告、連絡がないなら上司から促す

さて、「報・連・相」のうち、相談はともかくとして、報告と連絡は、本来組織の人間としてしなければならない義務といってもいいでしょう。

しかし、頭では義務と分かっていても、30年前も報告や連絡を怠る部下は珍しくはありませんでしたし、自分の意見を言わない部下も大勢いました。

昨今は、その数もウエイトも増加傾向にあるのも事実です。

SMAPの「世界に一つだけの花」がヒットした2002年頃から、日本特有の同調圧力もゆるくなってきたのか、「あえて自分の意見を言わなくてもいいのでは」と思う人も増えたのです。そうした時代に育った「ゆとり世代」、「悟り世代」と呼ばれる世代に、特にその傾向が強いと指摘する人もいます。

そうした環境であればこそ、上司の方から報告と連絡を促す「**攻めの報・連・相**」をぜひとも試して欲しいと思います。

特にマイナス情報はできるだけ早い報告や連絡を受けたいものですが、その意に反して、

時すでに遅しというパターンが後を絶ちません。

例えばあるSIer《エスアイヤー》（システムインテグレーションを行う業者のこと）では**「2分の1の法則」**という、「プロジェクトメンバーの2分の1が『ヤバイ』と感じている時は、必ずトラブルプロジェクトになる」という法則があるそうですが、**問題が表出するまでは絶対に沈黙しているそうです。**

なぜなら、「ヤバイ」という報告をするのは〝仲間を売るに等しい〟というメンタリティーがあるため、最後まで沈黙を貫くのだそうです。

仲間を守るためにマイナス情報を報告しないとか、その報告がまるでリークであるかのような認識は、結果的に会社に損害を与えてしまう悪しき習慣ですから、マネジメントでその悪循環を断ち切って欲しいと思います。

それには具体的な報告を求めて、さらに各論での意見を求めることです。

「○○さん、△△の件、どうなってる？」

と、具体的な報告を上司の側から求め、さらにその報告から得られた情報に基づいて、

「△△△の追加分を予算内に収めるための方法について、〇〇さんの意見は？」

といった感じで。

意見を求める際、意見はあるのに伝えてこない部下に関しては、総論で尋ねると一般論的な返答になってしまう危険性があるので、さらに突っ込んだ各論で訊くのがミソです。

ただしいきなり各論からでは、部下が返答に窮してしまうかもしれないので、いったん総論的な質問を振ってから、各論に落とすという方法が好ましいかもしれません。

さらには日常的に、

「△△△の件、〇〇さんはどう思ってる？」

「△△△について、〇〇さんの意見はどんな感じ？」

と、発言を促す「攻めの質問」を習慣づけておくと、チーム内に、意見を出さざるを得ない雰囲気が漂い始めます。「攻めの報・連・相」の亜流といってもよいでしょう。

その返答が「ええ、まあ、特に……（ありません）」的なものにならないように、上司に振られたら必ず自分の明確な意見を言わなければならないというルールを、あらかじめ伝えておくという手もあります。

「3秒ルール」といって、「上司や先輩からの問いかけについては、必ず3秒以内に自分の意見を言わなければならない」というルールを徹底している会社を、私は知っています。

不思議なもので、その会社の社員の頭の回転は速く非常にクレバーですので、やはり効果があるに違いありません。

◆ダメ出しが過ぎると、報告も連絡もしたくなくなる

部下や後輩から出た意見をさらに掘り下げる関連質問はいいとして、意見そのものに対する否定的な論評は避けた方がいいでしょう。

「○○さんはなんでいつも、そう否定的な意見ばっかり言うんだ……」とか**「もっと現実的なアイデアはないのか……」**と、意見そのものを論評してしまうと、意見を言うこと自体をヤブヘビと感じてしまうので、逆効果になってしまいます。

また、個人的な判断基準や気分で報告や連絡をしない人については、言い方というより、なぜ報告、連絡が必要なのかを、しっかりと伝えるようにしましょう。

その意義や目的を伝えるのはもちろんですが、それを怠ることによってどのような事象やトラブル、障害が起きるかということを、実例とともに語る方法が効果的です。

具体的には、

「私たちの部門は、常に情報を共有していかないと他部門や顧客に迷惑をかけるし、個人ではカバーしきれない実害を生み出すので、そこは注意しよう」

といった言い方になります。

「自分で考え、動く」を引き出す言い方①

「何かある？」

💡「攻めの報・連・相」で発言を促す

「何かある？　今なら5分くらい聞けるけど」

💡時間を区切って、コミュニケーションの機会を設ける

「〇〇さん、△△の件、どうなってる？」
「△△の件、〇〇さんはどう思ってる？」
「△△について、〇〇さんの意見はどんな感じ？」

💡内容を絞って、報・連・相を促す

「私たちの部門は、常に情報を共有していかないと他部門や顧客に迷惑をかけるし、個人ではカバーしきれない実害を生み出すので、そこは注意しよう」

💡集団心理に巻き込む

2位 自分で考えず、なんでも聞いてくる人に

NG できる人ほどつい出ちゃう残念な言い方②

「少しは自分で考えたら?」

➡ココがアブない! こう言われた相手は、まず「突き放された」と感じてしまう

◆ググれば、なんでも情報が入手できた世代

右も左も分からない部下・後輩が、「なんでも聞いてくる」のは歓迎すべきことですし、会社によっては育成期間の新人に「1日5つの質問」を義務づけている例すらあります。

義務づけしてしまえば、「忙しくしている先輩に聞きづらい」という状況を、ある程度防ぐことができるからです。

しかし、ここで問題にしたいのは「自分で考えず」の部分です。特に、物心ついた時代からスマホが手元にあって、検索するだけで知りたい情報が簡単に手に入る時代に育った部下や若手社員には、「自分の頭で考える」ことに慣れていない人も散見されます。

これは今に始まったことではありませんし、30代、40代になっても「自分の頭で考えない」人もいますが、未来のある部下には「自分の頭で考える」ことを常識として持っておいて欲しいわけです。

もっというと、昨今の現象として、自分で調べれば分かること、自分で考えて欲しいことを、繰り返し何度も聞いてくる部下や後輩が増えていると指摘されています。

問題は**同じようなこと、前にしっかり指導したり説明したことを、再び、初めてのことのように聞いてくる**ということです。

例えば、IT業界に勤務する7年目のAさんは、指導している部下のBさんに、議事録の書き方や単体テストの手順を繰り返し見本を示しながら説明し、やらせてみせてフォローを繰り返しました。

ある日、一人でできるようになったかと思い、任せようとしたら「これってどうすればいいですか？」と聞かれて困惑してしまいました。

前に同じことを説明したり、見本を示して解説していて、しかもBさんはそのメモを取っていたはずです。

メモを読み返すなり前にやったものを見返すなり、振り返れば分かるはずなのに、自分で考えたり調べたりする前に、「まずは聞いてくる」Bさんにどう対処すればいいのか、Aさんは迷ってしまいました。

◆「質問」という様式を活かそう

昭和の時代であれば、「同じことを何度も聞いてくるなよ」とストレートに指摘する先輩も少なくありませんでしたが、現在、そんな言い方をしたら部下は萎縮してしまいますし、効果も限定的です。

では、どうすればいいのでしょうか？

「で、〇〇さんは、どういうやり方でやってみたい？」

という「質問」というコミュニケーションの様式を用いるのがベストです。この質問の意図は、まずは自分で考えさせること。こう質問すれば、相手は反射的に自分の頭で考えて回答するようになります。短い言葉で「(相手が) まずは自分で考えてから相談する」ように促せることが、このフレーズが選ばれる理由です。

次は、その部下との緊密さによりますが、信頼関係がしっかりしている場面では、

「で、○○さんは、どうしたいわけ?」

というセリフが多頻度で用いられてきました。

しかし、**「わけ?」**で終わると相手が「詰められている」という感触を持ってしまうリスクがあるので、相手との関係性を勘案して使用してください。

逆に、この場面で使ってはいけないNGワードがあるので、一緒に紹介しておきましょう。

このNGワードを用いてしまうと、「効果がない」のではなく、「逆効果」になってしまうので注意しましょう。

NG この言い方は逆効果！

「ゆとり世代だからなぁ〜」

「悟り世代だからなぁ〜」

↓世代のことを言われても、本人の努力では変えることができないので、嫌みにしか聞こえません。


「何回同じこと聞いてくるの？」

↓感情的に聞こえてしまうので、萎縮させてしまう危険性があり、逆効果。指導の仕方が悪い、教え方が下手という可能性を考えていない危険性もあるので、好ましくありません。


「同じことばかり聞いてきて……」

↓右に同じ。嫌みに聞こえるので、部下・後輩の育成には逆効果。

「自分で考え、動く」を引き出す言い方②

「で、○○さんは、どういうやり方でやってみたい？」

まずは自分で考えさせる

3位 常に受け身（消極的）な人に

NG できる人ほどつい出ちゃう残念な言い方③

「○○さんはちょっと受け身だね、もう少し能動的、自主的にね」

➡ココがアブない！ 「指摘」だけで変えられるのは、軽度の凡ミス程度

◆**能動的、積極的な動きには動機が必要**

指示したこと、アサインしたタスクはすべて及第点以上の成果物になっているし、スキルもモチベーションも平均以上であることは間違いないのですが、指示をしないと何もしないし、それがまずいとも思わない部下・後輩、若手が急増しています。

「指示待ち族」とはよく言ったものですが、

「○○さんはちょっと受け身なところが目につくから、もう少し能動的、自主的に仕事に取り組んでね」

と、できていないところを指摘しただけで、本人の行動変容が引き出せるなら、こんなに楽なことはありません。

昭和の時代、私も2年目だった時、「ブラザーシスター制」というOJTの仕組みの中で新人の指導員を1年やりましたが、私自身がそんな先輩だったという記憶が残っています。

部下育成、新人の育成の場面でよくやりがちなのが、「逆の言葉」を使ってすませることです。

この場面では受け身、受動的の逆の「能動的」、「積極的」という言葉を用いて、相手に要望することとです。

しかし、残念ながら、**言葉を逆にしただけで、相手の行動が変わるはずはありません。**

では、どうすればいいのでしょうか。

部下や後輩が受け身なのには理由があります。能動的、積極的な動きへの行動変容を促すには、本人による自己決定、つまり、「能動的な行動をする」と自分に約束させる強いエネルギーが必要になります。

それには「なぜ、能動的、積極的な動きをしなければならないのか」について自分自身が納得する動機が必要です。

◆「やりたいこと」が人のモチベーションを最大にする

もっとも強い動機というのは「それが自分のやりたいことだから」に違いありません。私たちが趣味に没頭するのは、それが自分の好きなこと、やりたいことだからです。人は「やりたいこと」をやる時がもっともモチベーションが高まります。この特性を部下や新人の育成に利用しない手はありません。

ある通信会社でＭＡ（マーケティング・オートメーション）の部門の業績を急伸させたＣさんも、新人時代は、配属された技術部門の上司から「言われたことしかしないロボット社員」と目されていました。

上司の目には、Ｃさんは地頭はいいけれど、自らは動こうとしない受け身な部下に映っていたので、半期の評価面談の際に**「Ｃさん、ホ・ン・トは何がやりたくてこの会社に入った**

の？」と聞いてみたのです。

正直、きっと「特にありません」と返答するんだろうな、と思いつつ聞いたのですが、予想もしない言葉が返ってきました。

「ＭＡ（マーケティング・オートメーション）やＤＸ（デジタル・トランスフォーメーション）がやりたくてこの会社に入りました」と言うではありませんか。

正直、驚きました。そんな最先端の分野に興味を持っていたとは。

ちょうど、Ｃさんの会社の営業部門にも顧客からＭＡやＤＸに関する相談が増えてきており、対応する技術部門でも専門部隊を設立する動きがありました。

そのことをＣさんに話すと、表情がパッと明るくなり、その専門部隊でぜひ仕事がしたいと言うのです。

◆スイッチが入れば別人になる

上司にとっては同じ部門ですし、今後成長する分野でしたので「渡りに船」ということで、Ｃさんをその部隊に入れてみたのです。

すると、どうでしょう。以前とは全くの別人で、すでに情報を収集し勉強していた各国の先進事例を紹介する勉強会を主催し始めたのです。各社のセミナーに片っ端から参加し知見を蓄積していたため、顧客のお困りごとや課題のヒントになる話ができる技術者ということで、営業から重宝されるようになっていきました。

そもそもがマニアですから、やたらと詳しく、お客様が知りたいことに的確に回答できるのです。

Cさんにとっては、お客様の前で自分の知っていることを話し、役に立ちそうな提案をするだけで、「ありがとう」と感謝され、自社の営業からも「ありがとう」という言葉をかけてもらえるため、自己効力感が満たされ、充実した日々が送れるようになりました。

さて、ここでは「働く動機」に着火させた事例を紹介しましたが、これは「頑張る動機」に置き換えてもかまいません。

私たち人間は、働く動機や理由、頑張る動機や理由が自分の中で明確になったとき、まるでスイッチが入ったように能動的にもなれるし、頑張れるようにできています。

ぜひ、この特性を部下や後輩の育成にも活かして欲しいと思います。

「自分で考え、動く」を引き出す言い方③

「いま○○さんがやってみたい仕事って、どんなことかなぁ？」

「3～5年後、○○さんは、どんな仕事をやりたい？」

「○○さんは、ホントは何がやりたくてこの会社に入ったの？」

働く動機を刺激する

4位 あきらめがちな人に

NG できる人ほどつい出ちゃう残念な言い方④

「途中でほったらかすなんて無責任でしょ?」

ココがアブない! これでは「ほっからかし」にした根本原因がまったく解決されない

◆無力感を学習すると「頑張ればうまくいく」とは思えなくなる

性格と言ってしまえばそれまでですが、世の中には最後の最後まであきらめない人と、困難に直面したり、難易度が高いと気づくや否や、すぐにあきらめてしまう人がいます。

本人の性格だけでなく、学生時代の部活や受験、就職してからの仕事での成功体験も大きく影響してくるものです。もう少しだけ踏ん張れば成果につながったはずなのに、その手前であきらめてしまうという非常に「もったいない悪循環」を起こしている人も散見されます。

あきらめない部下とあきらめがちな部下は、とにかく個人差が激しいです。しかし上司や先輩の育成方法で好転させられることなので、ここではその言い方と意図について共有したいと思います。

◆「無力感」には「プラスの兆し」を

あきらめがちな人の多くは、頑張ってもどうなるものでもない、このままやってもうまくいくとは思えないという無力感を学習してしまっている傾向があります。

ですから、その無力感に打ち勝つ「プラスの兆し」を感じさせる、つまり「このままいけば、うまくいくかもしれない」、「この方法、このプロセスでやれば十分できるはずだ」と思わせる必要があります。

その際は「やり方」や「方法」を変えることによって「あきらめる」という気持ちの目先を変えさせることです。期限を切ればさらに効果的です。

かける言葉としては、

「もう1週間やってダメなら、あきらめるとして、それまで他の方法を試してみよう」

といった感じで。

これは「もう1週間」と期限を切られていることから、ゴールが明確になったことで「ゴールの見えないモヤモヤ感」が軽減され、一瞬モチベーションが上がります。

1週間やってダメでも、他の方法にそのエネルギーを傾けることによって、ほんの少しでも手応えが感じられれば、事態は好転に向かうはずです。

なぜなら、あきらめがちな人たちは、あきらめたくなる時に、心に強いストレスを感じています。**あきらめてしまえばストレスから解放されるので、楽になりたいという衝動に駆られます。**性格と言ってしまえばそれまでですが、これは自分の心を守るための防衛本能かもしれません。

しかし、あきらめてばかりでは心に耐性もできないし、社内や顧客からの信頼を得ることができないために、ビジネスパーソンとしての成長を阻害してしまいます。

◆期限を切れば、「十分やれそうだ」と思いやすくなる

そこで効果的なのが「期限を切る」こと。「全力疾走しろ」と言われても、それが50メートルなのか、100メートルなのか1500メートルなのか、はたまたマラソンなのか、距離が分からなければ、走り始める前から不安で一歩目が踏み出せません。1500メートルやマラソンを最初から全力疾走しては最後までもたないでしょう。

それと同じことで、部下にとっては「1週間」とか「残り2週間」とか期限を切られることによって、ゴールが明確になるのでペース配分がしやすくなることと、それ以上に、そのくらいなら頑張れると「十分にやれそう」な気がしてくるのです。

これが「プラスの兆し」です。

また、視野、視点を変えさせるには「いったん」という言葉が非常に効果的です。例えば、

「あきらめるとかあきらめないとかの気持ちの部分はいったん脇に置いて、とにかく今までと違うやり方を考えて、試してみよう」

「いったん」は、部下や新人の育成の場面では〝魔法の言葉〟と言えるほど重宝がられています。どんな言葉よりも、部下のネガティブな気持ちを負担なく、自然にポジティブな気持ちに「瞬間移動」させてくれます。

このフレーズは「いったん」という言葉を用いて、部下のネガティブな感情をストップさせて、「今までと違うやり方」を試すことを促しています。

この「違うやり方」に、少しでも前のやり方より成果なり手応えが出れば、「あきらめたい」という感情は一気に萎《しぼ》みますので、ぜひ試してみてください。

最後に、理性的な判断をするタイプの人には、大局観を持って判断させるために、

「あきらめてしまうメリットって、どんなことがあると思う?」

と問いかけ、考えさせる方法があります。「あきらめたい」というのは感情ですから、理詰めで考えれば、辻褄《つじつま》が合わなくなります。そこを上司や先輩が指摘するのではなく、本人に気づかせるために、このように問いかけるのです。

「あきらめるのはいつでもできるから、もう1回だけやってみようか」

負担感を軽減させる

「もう1週間やってダメなら、あきらめるとして、それまで他の方法を試してみよう」

期限を切る

「あきらめるとかあきらめないとかの気持ちの部分はいったん脇に置いて、とにかく今までと違うやり方を考えて、試してみよう」

他の可能性に気づかせる

「あきらめてしまうメリットって、どんなことがあると思う？」

視点を変えさせる

5位 「やり切る」気持ちが希薄な人に

NG できる人ほどつい出ちゃう残念な言い方⑤

「なんで途中で萎えちゃうわけ？　折れやすいよね」

➡ココがアブない！　事実をなぞっても、行動変容は起こせない！

◆「やる」と「やり切る」の違いが分からない

「やり切る」気持ちが希薄な部下・後輩や新人の存在がもっとも顕著になるのは、営業部門です。目標や予算に対し9割以上の受注をあげて、もう少しで達成するのに、そこで止まってしまって、数字を積み増そうという動きをやめてしまうタイプです。

「目標達成意欲が低い」、「最後まで粘らない」、「最後までやる気がない」と評されたりもしますが、残念なのは、ずっと努力を継続して数字を追いかけ、9割まで来ているのに、最後の数字を積み上げる意識や熱意だけが足りないため、惜しいところで未達になることです。

目標に対して5割、6割の数字で未達成の営業パーソンと9割台で未達の営業パーソンは、ともに「未達成」ではあります。しかし根本的な違いは、9割台で未達成の営業パーソンは、かなり難易度の低い行動を取るだけで目標達成が可能になることです。もっとも目標達成の可能性の高い人といってもいいでしょう。

ですから、**営業マネジャーは、こうした「惜しい」営業パーソンへのマネジメントを強化することが、全体の業績を上げる近道となります。**

分かりやすいので、営業部門の例をあげましたが、同様のタイプは技術部門にもスタッフ部門にも少なからずいます。

いわゆる「詰めが甘い」タイプです。タスクが8割、9割進捗すると、「もう完了した」かのような気持ちになって、最後の最後に緊張がゆるみミスをする技術者やスタッフは、どの部門にも一定数見られます。『徒然草』に登場する有名な「高名《こうみょう》の木登り」は、失敗は油断する時に生まれると諭《さと》していますが、この教訓を学んで欲しい人でもあります。
さて、こうした人に対して、どのような育成をしていけばいいでしょうか？

◆「やること」を絞ってあげる

実は30年前も、20年前も、こういうタイプの人は必ずいました。理由は性分というか、多分に性格的なところからくることが多く、代々の先輩社員や上司たちが様々な方法を試してきました。

その中で、もっとも効果があったのが、「やること」を絞ってあげて、集中体験をさせることです。具体的な言葉にすると、

「思い切って、○○だけやってみようか」

という言い方になります。「○○だけ」と限定されることによって、私たちは「そのくらいなら、やってみるか」、「その程度なら、これからでもできる」、「その程度なら、これからでも間に合う」と、ポジティブに行動を起こせるようになるのです。

この短いフレーズには、2つの心理学の原理が用いられています。

まずは、「小分け」の技術。「○○だけ」と小分けされると「このくらいなら自分でも十分にやれそうだ」という希望が見えてきます。希望が見えてきたとたんに、モチベーションが高まることから、**「希望の法則」**と呼びます。

もうひとつは集中体験です。

部下や後輩の育成に際し、「成功体験」が重要であることに異論のある人はいないでしょう。しかしその反面、今日「成功体験」が実感できる機会は多くはありません。そこで登場するのが、集中体験。

実は何かに集中して「やり切った」という体験で得られるものは、「成功体験」と同じなのです。それを繰り返すことによって、人は集中体験を学習していきますので、「やり切る」に足る行動を起こすようになります。

他に、切り口を変えて、本人に考えさせるために、

「『やり切った』って実感するためには、あと何が必要かなぁ？」

という問いかけもいいでしょう。
さらには、他の人のベンチマーキングをさせたり、見本、手本から自分との違いを考えさせる意味で、

「『やること』と『やり切ること』の違いって、5年目のSさんを見ると分かりやすいから、その行動を見て感じたことを報告してくれる？」

という方法もありますので、ぜひ、使ってみてください。

NG この言い方は逆効果！

「なんで、できないの？」

↓そう問われても回答できないし、問い詰められる圧迫面接になるので、逆効果です。

「自分で考え、動く」を引き出す言い方⑤

「思い切って、○○だけやってみようか」

やることを絞って、「集中」を体験させる

「『やり切った』って実感するためには、あと何が必要かなぁ？」

焦点を絞って、自分の頭で考えさせる

「『やること』と『やり切ること』の違いって、5年目のSさんを見ると分かりやすいから、その行動を見て感じたことを報告してくれる？」

比較しやすい見本を示して、自分の頭で考えさせる

《コラム①》 壁をつくられている気がしたとき、言ってはいけない言葉

◉上司の言動が部下に壁をつくらせている

「あんまりコミュニケーションうまくないね」
「大人なんだからさ」
「学生じゃないんだからさ」
「普通は～」
「いい度胸してんね」
「ホント分かってないよね」

といった言葉をかけられた部下のほとんどは、そういう言葉をかけた上司に対し心を閉ざし始めます。

それに気づいた時に「部下に壁をつくられている」と感じるのでしょうが、その壁は最初からあったものではありません。上司の側の言い方、態度、表情によって生まれた壁と

いっていいでしょう。

舌禍に近いものなので、対応術というのも変ですが、まずは接し方、特に言い方を変えるのが先決です。

本書で紹介する「残念な言い方」、「やる気を出す言い方」を参考に、地雷を回避するコミュニケーションの様式、言い方を、まずは把握して欲しいと思います。

◉その部下に対する関心をそれまで以上に高める

その上で、その部下への関心を高め、日々観察することにより、彼、彼女の喜怒哀楽のポイントや、どこを褒められるのが嬉しい人なのか、やりたいことは何なのかといった「人となり」を把握した上で、効果の出る言い方を選択してください。

壁というのは、いわば外敵から身を守るための防御壁ですから、**できてしまった壁は一朝一夕にはなくならないし、ましてや気の利いたひと言で解決できるようなものではありません。**

「面倒くさいなぁ」と感じる人もいるかもしれませんが、人を含めて何かを育てるという行程は、そうした手間がかかるものと割り切って臨みましょう。

逆に、絶対に言ってはいけないのが、

「○○さん、なんか私に対して、壁つくってない？」

というフレーズ。

そもそも、ダイレクトに訊いても、本人が答えるのは稀《まれ》です。ますます壁を強固にするだけです。

同様に、

「○○さん、私に壁をつくる必要はないからね」

というのも、相手を白けさせるだけです。壁をつくる根本原因が解決されないので、事態は好転しません。

2章

《「次に多い7つのタイプ」への神ワザ》

「いちいち言わなくても行動が変わる」すごい質問7

この章では、1章「トップ5」に次いで多いタイプの部下について、1章と同様に「多い順」に考えます。

要領が悪い、ミスが多いといった、昔から上司を悩ませてきた部下から、不安が強かったり、教わったはずなのに「聞いてない」の一言でブロックする人まで、7つのタイプです。

6位 自分の考えを言わない人に

NG できる人ほどつい出ちゃう残念な言い方⑥

「なんか、しゃべりたくない理由でもあるの？」
「発言してないの、○○さんだけだよ」
「発言しないなら来なくていいよ」

➡ココがアブない！ この場合「圧」で相手を追い込むのは、逆効果になる可能性が高い

◆「能ある鷹は爪を隠す」というけれど

その都度とる個別のコミュニケーションでも、社内外のミーティングでも、自分の考えや意見を言わない部下・後輩というのも上司や先輩にとっては悩みの種です。

もちろん、自分の考えや意見がないから言わない人もいますが、問題はユニークな考え

やすばらしい意見を持ちながら、それを言わないメンバーです。能力は高いだけに上司や先輩にとっては悩ましい存在になります。特に、技術者やスタッフに多いのが特徴です。

まさにDさんもその一人で、上司は頭を抱えていました。

Dさんは技術力が高く、顧客からの信頼も厚いエンジニアです。報告書の要点や論点も明確ですし、しかもスピーディに端的にまとめる力もあります。

上司や経営陣は、「報告書や提案書に書くような内容を、話してくれればいいだけなのに……」と思っているのですが、Dさんが会議で発言することはありません。寡黙なエンジニア、職人気質には違いないのですが、プライベートは、ちょっと異なります。カラオケに行くと別のキャラが憑依《ひょうい》したかのように歌いまくり、司会まで買って出る始末です。カラオケの時の10分の1でいいから仕事でも話してくれたらと、上司や先輩たちの悩みは深まるばかりです。

◆人は頼りにされたり期待されると応えたくなる

さて、カラオケはともかく、こうしたDさんのような「自分の考えを口に出さない部下」

というのは、ＩＴ業界やメーカーの技術部門、製造部門のエンジニアだけでなく、多くの会社でどこの部署にもいるものです。

こうした部下から考えや意見を引き出す際のセオリーは、フレーズにすると、**他人より優れている点を指摘して、頼りにしていることを明確に示す**ことです。

「○○さんだから聞くんだけど、△△の件についてどう思う？」

というように。他でもない、Ｄさんだから聞くのだけれど、と前置きをした聞き方をすれば、本人はそれを意気に感じて何か役立ちそうなことを話そうとします。

要は、**「相手の期待に応えたい」というメカニズムが働く**というわけです。

あるいは、まだそれほどのスキルを持ってはいないけれど、自分の考えを口に出さない傾向のある人に対しては、その考えを吸い上げる別な方法が必要になります。たとえば、

「簡単な箇条書きでいいんで、○○さんの考えを3つにまとめてメールしといてくれる？」

という言い方。これは話す必要がないので、部下にとってはもっともハードルが低く感じ、実現可能性が高い方法になります。しかも、「簡単な箇条書きでいいんで」という条件がさらにメンタルバリアを解消し、ハードルを下げます。さらには「3つ」という数の明示もやりやすさに拍車をかけます。

ただし、これはメールによる吸い上げですので、「考えを言う」ための助走段階にすぎません。徐々に「考えを言う」レベルにまで引き上げていきたいのですが、その際は相手が言いやすいように、**「YES or NO」、「A or B」で回答できるクローズドクエスチョンを用いて答えやすい質問にして意思表示を促す**のがお勧めしたい方法です。そして徐々に、

「他に可能性があるとしたら、どんなことがあるかなぁ?」

と、それとなく、自分の意見の発言を促す問いかけにつなげていって欲しいと思います。

あるいは、間接的な方法になりますが、**「私たち」**という主語を使うのも有効ですので、ボキャブラリーに追加してみてはどうでしょうか。

「自分で考え、動く」を引き出す言い方⑥

「○○さんだから聞くんだけど、△△△の件についてどう思う？」

💡 他人より優れていると思わせる

💡 頼りにしていることを明確に示す

「簡単な箇条書きでいいんで、○○さんの考えを3つにまとめてメールしといてくれる？」

💡 考えを吸い上げる別な方法を用いる

「他に可能性があるとしたら、どんなことがあるかなぁ？」

💡 発言を促す「呼び水」を用いる

7位 要領の悪い人に

NG できる人ほどつい出ちゃう残念な言い方⑦

「仕事には手順ってものがあるんだよ。何度も教えたでしょ？もともと要領悪いのに、勝手に進めちゃうからだよ」

➡ココがアブない！「説明」では伝えられないことを「説明」で伝えようとしている

◆要領の良し悪しが生産性の高低に直結する

要領の悪い部下は、必ず一定数存在するものです。原因としては、仕事の段取りについて意識が薄いケースがもっとも多いのですが、中にはある特定の業務に関して、業務の流れがまったくイメージできないという人もいるのです。

これはあるメーカーのマネジャーからの話です。

ある時、Eさんが広いフロアのあちこちを回って何かの封筒を配っていました。どうやら封筒が並んでいた順番に、名前を座席表で確認しながら配っているようでした。

マネジャーは「要領が悪いな」と感じたそうです。最初に座席表に沿って、封筒の方の順番を並べ替えてしまえば、「フロアのあちこちを回って何かしている」とは映らなかったに違いありません。

イメージしていただきやすいように、単純な例を示しました。

仕事の要領というのはこの類のことで、非常に個人差が大きいと同時に、個々人の生産性の違いを生み出す元凶でもあります。しかも、その部分は育成がもっとも難しい分野で、一朝一夕には改善できないケースも少なくありません。

上司や先輩は受け身にならないように「部下に任せて育てたい」ところですが、**この場合は完全に任せてしまうと、要領の悪さは改善しませんので、条件付きで任せざるを得ません。**

意図としては、まずは正しい手順や段取りで仕事が進められるようなレールに乗せます。正しいフォームを身につけてもらうのが第一義になりますから、

「ここに手順書と起こりやすい不測の事態がまとめてあるので、これに従って仕事を進めて、何か起こったら必ず声をかけてくれるかな。自分で判断して進めないで。私がいない時はチームの○○と××には言ってあるので、聞いてから進めてね」

といったアプローチが基本となります。

◆「説明」より「手本」や「見本」

この際、気をつけて欲しいのは、**手順を「説明」で伝えようとしても、特に要領の悪い人には伝わらないことのほうが多いので、かならず手本になるような手順が書かれたメモや手順書を示しながら説明することです。**

しかも、その手順通りに進めないで、適当に「エイヤ」でやってしまう人もいますから、分からなくなったり、何かあったらそのまま進めず周りに確認しながら前に進めるように、

という一言も加えるようにしましょう。

一方で、こうした育成方法は**「部下・後輩や新人の依存心」を増長してしまうという向きもあるのですが、あくまでレールに乗せるまでの時限措置です。**

レールに乗ったら徐々に自分の頭で考えさせ、自己決定で行動させるというステップに移るという流れになります。

依存心を生ませずに要領の悪さを改善したい局面になったら、

「仕事には外しちゃいけない勘どころがあって、まずはそこを押さえて欲しいので、その都度、共有していくね。必ずメモを取って記録して、振り返りをやってね」

と「メモ」と「振り返り」を促す方法が定番です。

「振り返り」というのは、自分が選択した方法やプロセス、成果物の検証で、「PDCA」(Plan-Do-Check-Act)の「Check」になります。「メモ」通りに進めたのか、出来具合い、所要時間は適性だったかなどの基準を用いるといいでしょう。さらに、もっと能動的なレベルを期待する段階では、

「今の仕事をもっと効率よくできるとしたら、まずはどこから改善する？」
というトークがありますので、試してみてください。

NG この言い方は逆効果！

「うーん、なんて言えば分かるんだろう」
↓不用意な一言です。相手の能力不足を指摘するようなニュアンスに聞こえてしまいがちなので、やる気を削《そ》ぎ、信頼関係を損ねてしまう危険性があります。最悪、心の中でつぶやくのはいいとして、口外しないように心がけましょう。

「だから、ほら〜」
↓その後の言葉の効力を打ち消してしまうほど、相手に失礼な聞こえ方になってしまいます。

「ここに手順書と起こりやすい不測の事態がまとめてあるので、これに従って仕事を進めて、何か起こったら必ず声をかけてくれるかな。自分で判断して進めないで。私がいない時はチームの○○と××には言ってあるので、聞いてから進めてね」

自己判断をさせず、まずは正しい手順で仕事が進められるようなレールに乗せる（正しいフォームを刷り込む）

「仕事には外しちゃいけない勘どころがあって、まずはそこを押さえて欲しいので、その都度、共有していくね。必ずメモを取って記録して、振り返りをやってね」

メモの重要性を理解させる

「今の仕事をもっと効率よくできるとしたら、まずはどこから改善する？」

自分の頭で考えさせる

8位 ミスの多い人に

NG できる人ほどつい出ちゃう残念な言い方⑧

「注意力散漫じゃない？　皆の迷惑になるからね」

➡ココがアブない！ この言い方がミス。相手を追い込むだけで、何の解決にもならない

◆まずは「メモ」の指導から

人材育成のマネジメント研修、コーチング研修、指導員研修の質疑応答で必ず登場するのは「ミスの多い後輩や部下」への指導法です。

ミスをしないようにする対処策は、メモとチェックリストが双璧なのですが、同じようなミスを繰り返す人の特徴としては、

①そもそもメモを取らない
②メモしたことを忘れる
③メモした内容を忘れる
といった共通点があります。

例えばアプリケーションの開発部門のFさんも、そんな若手社員です。

先日も開発から運用に引き継ぐ際の書類の書き方を間違えて、違う設定になってしまい本番では動きませんでした。

その前も東京、大阪、名古屋でリモート印刷の設定をしたはずが、東京、大阪、福岡になっていました。

こうしたFさんのようなミスの多い人に「**ミスが多いから気をつけて**」と注意しても、効果は長続きせず、すぐに元に戻ってしまいます。

ここでは「言い方」もさることながら「ミスを減らす方法」がより重要になります。

具体的な方法としては「メモ」か、業務によっては「チェックリスト」になりますが、

多くの場合、ミスは「メモ」で防ぐことができるようになります。

メモは取ったが、どこにメモしたかを失念してしまう人もいますので、メモは1冊のノートにして、必ず日付をつけてプロジェクト名や顧客名を書かせて、ポイントとなる項目を備忘録として記録させましょう。

よく「ポイント（要点）をメモするように」と指導する人がいますが、教えられる側にとっては、あまり改善にはつながらない指導方法ではないでしょうか。

誰でも、ポイントとなりそうなことは反射的にメモしようと思いますが、ミスはむしろ数字、つまり期限の日時、時間、数量、価格のところから引き起こされることが多いものです。ですので、

「ポイント（要点）と数字の部分はメモしてね」

の方がベターです。

◆ミスを回避するルーティンを染み込ませる

実際に、ミスを起こさないような行動を能動的に促したい場合は、

「途中での確認や見返しを心がけるんじゃなくて、ルーティンにする方法で、やりやすそうなやり方ってある？　具体的なやつで……」

という言い方が効果的です。

途中での確認や見返しを心がけることももちろん重要なのですが、それらを「心がける」ことができないからミスが発生するのです。確実な行動変容を促すには、日々のルーティンに落とし込んだ方が効果が出やすいという現実があります。

しかも、この言い方は指示や命令ではなく、あくまで本人に考えさせているので、自己決定、つまり「自分で決めたことをやりたい」というメカニズムが作動し、継続性を生み出します。

より効果的な対策を講じるために、ミスの原因について本人に考えさせるなら、

「どういう時にミスが出やすいか、傾向みたいなものってある？」

といった聞き方もあります。
「テンパっている時」とか、逆に「気持ちや時間に余裕のある時」とか「○○社の仕事の時」とかに行きつけば、根本原因が特定される可能性もあるので、解決のための手が打ちやすくなります。

ミスによって元気をなくしていたら、

「大活躍してる5年目社員の○○さんも、新人時代はミスが多かったんだけど、◎◎をするようになってミスが減ったから、試してみたら?」

という共感、激励というコミュニケーションも試みて欲しいと思います。

「メモが基本なんだけど、なんか工夫してる？」

メモの重要性を伝える

「ポイント（要点）と数字の部分はメモしてね」

メモの取り方を教える

「途中での確認や見返しを心がけるんじゃなくて、ルーティンにする方法で、やりやすそうなやり方ってある？ 具体的なやつで……」

自分事として考えさせる

「どういう時にミスが出やすいか、傾向みたいなものってある？」

自分の頭で考えさせる

「大活躍してる5年目社員の○○さんも、新人時代はミスが多かったんだけど、◎◎をするようになってミスが減ったから、試してみたら？」

問題解決のヒントを与える

9位 仕事や成果物がズレやすい人に

NG できる人ほどつい出ちゃう残念な言い方⑨

「○○さんさ、完全にあさっての方向に行っちゃってるよ」

➡ ココがアブない！ 事実の「指摘」だけなので、行動変容につなげられない

◆原因を自分の側に見出す

部下・後輩や新人に任せた仕事や成果物が、上司の意図するものとズレていて、修正に思わぬ時間が必要になったりということは、育成の場面では日常茶飯事です。

その時、「自分でやった方がよかった」、「任せなければよかった」と思ってしまう気持ちはよく分かります。

しかし、そういう負の感情は育成の障害になるので、ここは自分の「指示の仕方がまずかった」と、相手ではなく、原因を自分側にして対策を講じる方が万事うまくいきます。

特に相手が右も左も分からない新人だったり、そのタスクに慣れていない人だった場合、そのタスクのアウトプットの目的や方向をしっかりと共有できていないと、上司の思うような成果物にはなりません。

実際、仕事や成果物がズレてしまうのは、仕事をアサインする側が「これ、やっといて」と、背景や目的などを丁寧に共有しないまま、半ば強制的に丸投げしてしまった結果であることが半数以上にのぼるのではないでしょうか。

つまり、上司や先輩の側の「任せる力」不足というわけです。

たとえば、あるメーカーの情報システム部の某マネジャーは、本社のリスク管理部門に提出するレポートを、若手のGさんにアサインしました。

内容は現在、全社で推進しているテレワーク化プロジェクトに関する報告です。

ところが、Gさんから上がってきたレポートは、自部門のファクトのみで「リスクの観点」が欠落していました。

当然、期待していた成果物とズレているので、マネジャーはGさんに次のように声をかけました。

「Gさん、短時間にこれだけのものに仕上げてくれてありがとう。で、1点追加して欲しい視点があるんだけど、Gさんは、このレポートにどういう視点を追加したらいいと思う？」

ここで、

「Gさん、このレポートさぁ、リスク管理部門に出すんだから、テレワークのリスクが主題になるに決まってんのに、なんでリスクの視点がないの？」

と言いたい気持ちは抑えて、本人に考えさせるのが育成です。

そもそもアサインする時にマネジャーがレポートの目的を共有していないのですから、ズレる可能性はあったはずです。もちろん、マネジャーとしては「その程度のことは、言わなくても分かってると思って任せたのに……」ということなのですが、これがズレの原因になるのです。

◆背景や目的を丁寧に伝える

一方、部下や後輩が原因でズレるのは、アウトプットの目的を理解していないために違うところへ行ってしまうか、何を求められているのか答が分かっていないからです。

ですから、相手の経験が少ない場合は、アサインする場面で、

「このレポートの目的は、現在推進しているテレワークのリスクの可能性をリスク管理部門と共有することだから、そこが明確になるようにまとめてくれるかな」

と、丁寧に伝えなければなりません。さらに相手が新人の場合は、

「アウトプットイメージの見本はこれなんで、これを参考にしてやってみてくれる?」

と、見本・手本を示すことができれば、さらにいいでしょう。

一方、スキルの高さも中以上、モチベーションの高さも中以上という育ちざかりのメンバーには、自分の頭を使って考えてもらうために、あえて任せてズレがないかを途中で確かめる方法がベターです。

その際は、

「ちょっとフィードバックいい？」
「ちょっと中間レビューいい？」

と声をかけ、その仕事の〝ストライクゾーン〟からズレていないかをレビューするようにしましょう。

また、その中間レビューさえ不要なレベルながら、勢いでやってしまってズレてしまうこともあるメンバーについては、

「自己レビューした？」

と、レビューまで任せてしまう方法もあります。

企業でも官公庁でも、なんらかのプロジェクトで上司や先輩が部下のズレに気づくのは「議事録」であることが少なくありません。

専門用語が分かっていないケース、発言の趣旨が誤っているケースもあれば、とんちんかんなものまであります。

最初は、前回からの申し送り事項、議事（進捗、課題・問題）、事務連絡等項目を示して、見本となりそうな議事録をテンプレートとして利用させるとズレは是正されます。

「自分で考え、動く」を引き出す言い方⑨

「このレポートの用途は○○で、参加者は△△を望んでいるので、そこをゴールにしてくれる?」

アウトプットの目的や方向性を共有する

「Gさん、短時間にこれだけのものに仕上げてくれてありがとう。で、1点追加して欲しい視点があるんだけど、Gさんは、このレポートにどういう視点を追加したらいいと思う?」

焦点を絞って考えさせる

「このレポートの目的は、現在推進しているテレワークのリスクの可能性をリスク管理部門と共有することだから、そこが明確になるようにまとめてくれるかな」

焦点を絞って考えさせる

「アウトプットイメージの見本はこれなんで、これを参考にしてやってみてくれる?」

見本、手本を示す

「ちょっとフィードバックいい?」
「ちょっと中間レビューいい?」
「自己レビューした?」

ズレる前に修正の機会を設ける

10位 飽きっぽい人に

NG できる人ほどつい出ちゃう残念な言い方⑩

「飽きちゃったんでしょ？ でもこれ仕事だから。集中してもらわないと」

➡ココがアブない！ そもそも「飽きずに集中できる」なら、こんなことは起きない

◆仕事の面白みは、自分で見つけようとするから見つかる

飽きっぽいという意味では、商社で化粧品原料部の業務課の若手社員のHさんも、まさにそんなタイプでした。

入社して以来、営業といってもほぼ配達業務で、2年目には既に飽きていました。

2年目の冬のある日、Hさんは社長に飲みに誘われ、その席で「入社してから1年間配達をやってもらったけど、そろそろうちの会社の扱っている1000品目は全部覚えたか」と聞かれたのです。

予期しない質問だったので、Hさんは「ええまあ」と答えるのが精一杯でした。

すると社長は、「3年目からは営業に回ってもらう。これからはうちの製品が顧客にどんな使われ方をしているのかをよく観察して、客先や倉庫でのちょっとした変化も見逃さないように、よくよく観察すること」と、カウンターに座ったまま独り言のようにつぶやいたのでした。

実際のところ、それまでは取引先からの注文された品目と数量を間違いのないように納期通りに配達する単純作業を繰り返していただけなのですが、なぜかこの社長の一言が気になって、配達時に倉庫に置かれているものの変化を観察したり、納品したものの使われ方を聞くようになったのです。

その使われ方を聞くと、同じ分量でもあらかじめ小分けにした方が使い勝手が良さそうだとか、もっといい原料があると顧客に提案すれば喜ばれそうなアイデアがどんどんたまっていきました。こうした顧客とのコミュニケーションを通じて、Hさんの知見は増えていくとともに、顧客からも「Hさんのところでは、こういうのはできないの？」と相談されるようになっていったのです。

顧客の期待に応えようとあれこれ調べたり、知恵を絞って考えていると、Hさんから「飽きっぽさ」は消えていきました。

社長が言った通り、3年目にHさんは営業に異動になりました。それまで蓄積してきたアイディアを顧客にヒントとして提案したり、取引先からの相談に応えることで業績はウナギのぼりになり、Hさんの売り上げはいきなりトップになってしまったのです。

そのお祝いの席上、社長はHさんに来期の目標を2億円にすることを告げました。

もちろん、Hさんは冗談だと思って応じていたのですが、本当に2億円だったのです。それがどんなに実現不可能な数字かを力説するHさんに対し、社長は「できるから大丈夫」と繰り返すばかりでした。

結局、Hさんはその2億円をクリアしました。

このやり取りはその後3億、5億、7億円と増えていき、結局Hさんは、30代になった時には10億円プレーヤーになっていたのです。

Hさんは、自分の力で仕事の面白みを発見したわけではありません。上司に示唆されて、顧客を観察したり、顧客から話を聞くように変わっただけで、10年足らずで業界を代表するような人物に成長していきました（配達担当には飽きていたにもかかわらず）。

仕事の面白さを発見させて、さらに成長が実感できるように目標を工夫すると、もっとも主体的に行動できる環境になるということを、この社長は知っていたのでしょう。

◆仕事への誇りは「飽きっぽさ」を卒業させる

また、飽きっぽい人には、あえて期待を言葉にして伝えるのも効果があります。例えば、

「今度の企画に期待してるって、○○課長が言ってたよ」

というような言い方。人間は社会的な動物ですので、誰かから期待されるとその期待に応えたいと反応するものです。

その期待に応えたいという動機が、「飽きっぽい自分」との葛藤を克服するエネルギー源となるので、効果があるのです。

心理学では「誇りをどのくらい感じられるかが、快感情を刺激し、意欲を高める度合いを決める」というような表現をしますが、**飽きっぽい人に対しては、小まめなフォローによって、その悪影響を封じ込めてしまいましょう。**

あるいは、目先を変えさせるという意味では、

「利益は偉大なるマンネリから生み出されるって言うけど、マンネリになると飽きちゃうから、小さくていいんで、なんか新しいことを加えたら？」

と、常に新しいことにチャレンジさせたり、新しいやり方を試させたりと、気持ちの鮮度をキープすることを促すのも効果的です。

「○○さんの、今やっている仕事の面白い部分はどこ?」

仕事の面白みを発見させる

「今度の企画に期待してるって、○○課長が言ってたよ」

「期待に応えたい」という動機に火をつける

「利益は偉大なるマンネリから生み出されるって言うけど、マンネリになると飽きちゃうから、小さくていいんで、なんか新しいことを加えたら?」

改善のヒントを与える

11位 失敗を必要以上に恐れる人に

NG できる人ほどつい出ちゃう残念な言い方⑪

「みんな経験してきた案件なのに、なんでそんなに心配なの？」

➡ココがアブない！ ベテランにはこれでOKだが、心配性の若手には効果がないかも

◆**失敗から学ぶことの大切さを伝える**

特に若手に対しては「成功体験、失敗体験それぞれから得られることはあるけれど、若いうちは失敗経験も大切」ということを伝えてください。

失敗して反省するからそれが蓄積して実力になるのであって、それがないと成長が著しく遅れるからです。

私たちビジネスパーソンは、いい反省を積み上げて成長していくのですから、ある意味、成長段階においては、ともに成長の糧となるという意味で、成功と失敗の意味は同じといえるでしょう。

新人や若手社員時代に失敗して叱られパニックになり、思考停止になってしまうというのは通過儀礼的に諸先輩も経験しています。

最初の失敗がトラウマとなってしまうと、失敗することを端《はな》から恐れてチャレンジすることを回避したり、新しいことや難易度の高いことから逃げようとしたりしがちです。「失敗から学ぶ」ことの意義を伝え、その真摯な態度の重要性を教え込まなくてはなりません。「失敗と書いて成長と読む」、「失敗と書いて経験と読む」と言いますが、どちらも意味するところは同じでしょうし、「成功者が一番失敗している人」ということにも大いに励まされます。

励まされる、共感するという意味では、『憂鬱でなければ、仕事じゃない』（講談社プラスアルファ文庫）という見城徹さんと藤田晋さんの本のタイトルも、秀逸なのではないでしょうか。

このフレーズには、逆に上司の方が励まされます。

リクルート時代、失敗をやらかしてしまった先輩を飲み屋で「失敗して恥をかかないと人は成長できない」と励ましていた部長の言葉が今でも鮮明に頭に残っていますが、それは真実だったからに違いありません。

若い頃は成功体験よりも、むしろ失敗体験によってより成長できるということも部下に教えて欲しいと思います。

◆この上司(先輩)がいれば大丈夫だ、と思わせる

失敗することを恐れて一歩を踏み出せずにいる人が、それでも勇気を振り絞って前に進もうとしている時に、「**〇〇さん、責任とれるの?**」などと言うと、完全に心を折ってしまいます。

ここはやはり、誇張でかまわないので、

「**〇〇さんが失敗したくらいじゃ会社は潰れないから、思い切りやってみよう**」

「**責任は私が取るから、思い切ってやって**」

と励まして、背中を押してあげましょう。

失敗を恐れている部下に対しては、この上司がいれば大丈夫だと思わせることが重要なポイントになります。

小学校時代の運動会のリレーチームに脚の速い子が何人かいると、一等になれそうな気がしたり、体育のサッカーの時間、サッカー部員がチームに入っていると勝てそうな気持ちになったことはないでしょうか。

私たちは「より強いもの」や「より良いもの」の一部になったと感じた時、いつもの自分より積極的になったり、粘り強くなったりできるものです。

この特性をマネジメントに生かさない手はありません。

後輩のことを褒《ほ》めるのも大事ですが、負けることを気にしすぎる部下に対しては、むしろ「この上司がいれば大丈夫」と思わせる言動の方がより重要になるので、あなた自身が部下からそう思われるように、日ごろから心がけておきましょう。

現在、ビジネス現場においてフロイト以上に使える心理学として人気のあるコフートは、**「人間はいつも褒めてもらうために頑張れるのではなく、自分よりはるかに強い人間を求めることで、自己愛を満たそうとする」**と述べています。

正直、誰でも多かれ少なかれ失敗することを恐れているでしょうし、できれば負けたくないと思っているはずです。

それでもなおチャレンジしようとするのは、個人的な性格以上に、上司をはじめとする職場内の集団心理の影響も大きいのではないでしょうか。

うまくいくかどうかが心配だったり、失敗することを恐れて決断できずにグルグルしている時に、

「大丈夫だ、○○さんならできる」

と、背中を押してくれる人がいたら事態は変わるはずです。

あるいは、そんな時にリスペクトしている人から「こういうふうにやってみたら」とか「こう考えてみたら」とアドバイスしてもらえるだけで、ものすごく安心できるものだったりするのです。

「よく、成功体験が大事っていうけど、若いうちは失敗体験の方が大事なんだよね。結局、次に同じ失敗をしないようになるので」

「失敗の痛みを経験すると、早く一人前になれるよ」

「『失敗と書いて、成長と読む』って野村監督の名言だけど、今のうちにできる失敗は全部、経験しておいた方がいいよ」

ここは「共感」「激励」というコミュニケーションの様式を使う

「〇〇さんが失敗したくらいじゃ会社は潰れないから、思い切りやってみよう」

「責任は私が取るから、思い切ってやって」

不安を取り除くひと言

12位 教わったことを「聞いていない」ですませる人に

NG できる人ほどつい出ちゃう残念な言い方⑫

「この間も教えたでしょ、それ。何度も言わせないで」
「研修でやったでしょ、何を聞いてたの？」

➡ココがアブない！ 相手にとっては「文句」にしか聞こえない

◆**「パワハラ」を恐れ、やり過ごしてはいけない**

最近、研修で教わったり、上司から一度聞いたはずのことなのに、「聞いていない」、「やっていない」でやり過ごそうとする新人や部下が増加しているそうです。

もちろん本当に「研修でやっていない」、「その講義は聞いていない」、「その件は聞いていない」ならいいのですが、**問題は、すでに教わったこと、研修でやったことを「まだ、聞いていない」で済まそうとする人です。**

ごまかすに近いニュアンスでしょうか。

例えば「コンプライアンスの研修でやったように……」と、すでにやったことを例に出して話しても、

「やっていません」

「聞いていません」

と反応してしまう人。自分には関係ないことだと思って聞き流しているのか、最初から聞き逃しているのか。

上司は、そもそも「聞いていない」で済ませるのではなく、自分から情報を取りに行くことを期待しているのです。

この場面、昭和、平成前期の厳しい上司や先輩だったら「いつまで学生気分でいるんだ！」と、こっぴどく叱るケースです。何かを叩きつけられることさえありました。

断っておきますが、叱る上司や先輩の方がはるかにましで、かつてはこうしたことをき

っかけに「勝手にしろ」と、育成放棄に近い状況を引き起こす先輩社員もいました。
そういう意味では、かつての「2回目までは教えるけど、3回目からはカネ取るからな」という冗談も、愛情があってこそだったと言えます。

さて、こうした部下への対応ですが、それがすでに指導したことや研修でやっているということが確かで、それをごまかそうとして安易に「聞いていない」で済まそうとしているなら、叱っていい場面になります。

◆「叱る」と「怒る」の違いとは

パワハラを心配するあまり甘くなり過ぎたり、真剣に向き合わない上司や先輩が増えている昨今です。

しかし厳密には、「怒る」ことはパワハラになっても、「叱る」ことは、よほど執拗《しつよう》に繰り返さない限りはパワハラになりません。もちろん、正確には各社のガイドラインによりますが、セクハラと違ってパワハラにはグレーゾーンも存在します。

そこで「怒る」と「叱る」を整理しておくと、「怒る」とはイライラした感情のエネルギーの放出ですから、自分のためです。

一方、「叱る」は相手の行動変容を促すためのコミュニケーション様式のひとつなので、相手のためです。

また「怒る」は相手を怒るので、対象は人です。

逆に「叱る」対象は人ではなく、相手がやってしまった「こと」、作り上げた「もの」になります。

「叱る」ことによって相手が萎縮したり、関係性が崩れることが心配なら、「諭《さと》す」というコミュニケーションの様式を用いる手もあります。

「叱る」なら、定番は、

「○○さん、勘違いしてると思うんだけど……」

という枕詞《まくらことば》からのスタートです。

もともと、この「勘違いしてると思うんだけど……」という言葉は、部下・後輩や若手の「鼻を折る」常套句《じょうとうく》として重宝されてきたフレーズです。

元々は強い意味で「なんか勘違いしてると思うんだけど……」と使われましたが、「もしかしたら勘違いかもしれないけれど……」と使うと完全に弱毒化されて、まったく別なニュアンスになるとは思いませんか。

この特性を逆手にとって使うのです。

「○○さん、勘違いしてると思うんだけど、これ、コンプライアンス研修でやったよね。もし、聞き逃してたり、その時、離席していたとしても、『聞いてません』じゃなくて、まずは自分で情報を取りに行こうよ……」

という言い方。

この「勘違いしていると思うんだけど」を強い意味で取るか、弱い意味で取るかは、その時の部下次第です。

強い意味で取ってショックを受けているようなら、

「これだけ習うことがあれば、誰でも勘違いはあるからさぁ」

と、勘違いを矮小化《わいしょう》するフォローをするのがスマートな使い方です。

あるいは冒頭で、

「これからちょっとイヤなこと言うよ。でも、〇〇さんのビジネス人生ですごく大事なことだから、心を鬼にして言うね」

からスタートするのもいいでしょう。

また、ここでメモの習慣をつけさせる意図で、

「〇日のメモには、なんて書いてある?」

と、質問するのもいいでしょう。平成前期までは**「なぜ、メモ取ってないんだ」**と怒られるところですが、この言い方なら相手が萎縮することはないでしょう。

「○○さん、勘違いしてると思うんだけど……」

社会人としての常識を逸脱した行動、態度を叱る

「これからちょっとイヤなことと言うよ。でも、○○さんのビジネス人生ですごく大事なことだから、心を鬼にして言うね」

「期待されているからこそ」と思えるように叱る

「○○さん、勘違いしてると思うんだけど、これ、コンプライアンス研修でやったよね。もし、聞き逃してたり、その時、離席していたとしても、『聞いてません』じゃなくて、まずは自分で情報を取りに行こうよ……」

社会では「聞いていない」は、許されないことだと諭す（叱る）

「○日のメモには、なんて書いてある？」

何がまずいのかに気づかせる

《コラム②》上司の「うっとうしさ」は何が原因？

◉話を聞いて欲しいだけなのに、アドバイスを繰り返す上司

あるセミナーで「こういう上司にはなりたくない」という人物像をあげてください、と受講者に質問したら、

「アドバイスばかり言うが、人の話を聞いてくれない人」

と回答してくれた人がいました。

その時に「なるほど」と感心したのですが、基本的に部下へのアドバイスは部下指導の基本中の基本ですし、「その時、その場でのフィードバック」は部下育成の原理原則に沿った必須事項です。

そういう意味で、この上司の「アドバイスを繰り返す」行為は決して間違っていないどころか、むしろ推奨されるべきものです。

なのになぜ、部下は「こういう上司にはなりたくない」とまで忌み嫌っているのでしょ

うか？

これが典型的な「意図は正しいのに、言い方がズレている」パターンで、逆効果になってしまっている残念な例です。

要は、「まずは話を聞いて欲しい」という部下の最大のニーズに気づくことができずに、特に望んでいないアドバイスを繰り返してしまっているのです。

そのため、せっかくのアドバイスなのにもかかわらず、「人の気持ちが分からず、部下に向き合わない、あさっての方を向いた、うっとうしい上司」になってしまうのです。

◉部下の個別のニーズや期待に気づく

本書で「部下に関心を持つ」ということが育成の基本であるということを繰り返し述べていますが、このケースも根本原因は「部下への関心の欠如」です。

個々の部下への関心や観察が欠如しているので、コミュニケーション時に、答が欲しいのか、アドバイスが欲しいのか、ヒントが欲しいのか、ジャッジして欲しいのか、ただ聞いて欲しいだけなのか、個別の細かいニーズや期待が把握できないのです。

◉部下からどう思われても気にしない。焦点は部下の「成長」に置く

部下の「聞いて欲しい」というニーズに気づかず、アドバイスを先行させてしまう背景には、「正解は分かっている。早く答を教えてあげたい」という思いもあるでしょう。場合によっては、正解を示して「できる上司と思われたい」という気持ちが先行していることもあるかもしれません。

厄介なのは、この「できる上司と思われたい」という、ちょっとした誘惑です。**この誘惑は、ほとんどプラスをもたらすことはないので、焦点を部下の「成長」に置いて対処するのが賢い対応と言えるでしょう。**

3章

《自分で考えて動く部下が育つ神ワザ》

つまずきやすい場面での
すごい質問9

3章では、上司から見て「ちょっと苦労してるな」、「ここに課題があるな」という場面で、どういうアプローチがアウトプットの向上につながるかを考えます。

どう言えば、いま突き当たっている壁を乗り越えられるのでしょう?

ここでも「多い順」に見ていきましょう。

1位 壁にぶつかっている人に

NG できる人ほどつい出ちゃう残念な言い方⑬

「分かる、俺にもあったよ、そういう時。でも乗り越えてきたんだ」

➡ココがアブない！「私はそんなことマネできない」と反応されることもある

◆そもそも新人や若手は壁の連続

どういった職種でも同じことが言えるとは思うのですが、若手のうちは壁にぶち当たることの連続ではないでしょうか。

たとえばＩＴ業界の新人では「専門知識の壁」、「業務理解の壁」、「プログラミング（コーディング）の壁」があり、その後2年目、3年目には「ＢＰ（ビジネスパートナー）さんを動かす壁」、「BPさんが作ったものを検証する壁」といったように、次々に壁が現れるものです。

システム開発の現場では、システムが動かない、あるいは設計通りに動かないといったトラブルは日常茶飯事ですから、そこからくる顧客からのプレッシャーを乗り越えることを壁と感じる人もいるでしょう。

SE（システム・エンジニア）の中には、トラブルになると、むしろハイになってその火消しのためにモチベーションが上がってしまう職人気質の技術者も散見されますが、皆がそういうタイプとは限りません。

その壁を前にして、どうしていいかわからずに空転してしまったり、逃げ出したくなってしまう衝動に駆られる人さえ出てきます。

◆部下が今、どういう状況なのかに関心を

まず重要なのは、指導する側としては、日々の観察やコミュニケーションの中で、今その部下がどういう状況にあるのか、大きな壁、小さな壁に当たっている状態なのかをつかもうとすることです。

リモートや電話の場合は「言動の変化」を見逃さないようにしてください。

「いつもより元気がない」、「いつもより口数が少ない」、「なんか、いつもより暗い」

こうした相手の言動や表情以外に、「勤怠」にも変化が現れたら危険信号です。

この日々の観察の中で「壁に当たっている」と感じたなら、「共感」、「激励」というコミュニケーションが基本となります。

「○○さんの気持ち、よく分かる。今はつらいと思うけど、後で振り返った時に、あの時自分は成長できたって思える栄光の瞬間になるはずだよ。実は、私も~（自分の経験を語る）」

という感じで、誰でも経験することだと伝えてあげましょう。

若手ながらスキルも高くモチベーションも高いという、ごく一部のハイパフォーマー予備群には「独力で壁を乗り越えさせるために、あえて放っておく」という選択肢もありますが、大多数の部下に対しては「寄り添う」系でないと逆効果になります。

◆部下・後輩に寄り添う

「寄り添う」系という意味では、自身の「同じような壁に当たっていた経験」、「つらかった体験」、「もうダメかと思った瞬間」といったネガティブ体験を語ることは、非常に効果的です。

なぜなら、人は「なんてスゴイんだ」といった武勇伝や成功話より、逆に「自分もこんな壁に当たっていた、あの時はもうダメかと思った」というネガティブなエピソードに共感するからです。

「自分だけじゃない」、「先輩だって、皆そうだったんだ」と、いま自分が直面している壁を一般化できて、「どう乗り越えようか」と、次のステップに進めるようになるのです。

一例をあげれば、

「結局、自分は～することで、その時は乗り越えることができたけど、○○さんの場合は他の方法もあると思うので、その乗り越え方を一緒に考えていこう」

といった流れになるでしょう。

また、できない自分が恥ずかしいとか、できないことによって恥をかいてしまったと自分を責めてしまっている人に対しては、

「人って恥をかかないと、成長できないものなんだよね」

といった言い方が効果的です。単に相手を慰めようとしたものではなく、一面の真実としてずっと企業内で使われてきた普遍的な事実ですので、使ってみてください。

また、

「○○さんは△△のプロだから何でもできると思っていたかもしれないけど、◎◎については素人なんだから、最初からできるわけないって……。何をそんなに気にしてんの？」

という表現も効果的です。

「○○さんの気持ち、よく分かる。今はつらいと思うけど、後で振り返った時に、あの時自分は成長できたって思える栄光の瞬間になるはずだよ。実は、私も～（自分の経験を語る）」

「共感」「激励」というコミュニケーションの様式を生かす

「結局、自分は～することで、その時は乗り越えることができたけど、○○さんの場合は他の方法もあると思うので、その乗り越え方を一緒に考えていこう」

寄り添う

「人って恥をかかないと、成長できないものなんだよね」

壁に当たることが、むしろプラスであることを伝える

「○○さんは△△のプロだから何でもできると思っていたかもしれないけど、◎◎については素人なんだから、最初からできるわけないって……。何をそんなに気にしてんの？」

本人に代わり、現状を客観視し、壁に当たっている因果関係について分析、解説する

2位 時間内に終わらない人に

NG できる人ほどつい出ちゃう残念な言い方⑭

「なんでそんなに時間かかってんの？」

➡ココがアブない！ 「そうならないようにする」のが、上司の仕事では……

◆漫然とタスクをするのではなく「期限」を意識させる

ビジネスパーソンとして、もっとも成長が速いのは新人時代です。右も左も分からない配属直後はともかくとして、慣れてくるとその成長速度は加速度的になってくるものです。

しかしながら、これは若手に限ったことではありませんが、要領が悪いのか、そもそも仕事が遅いのか、平均的な人の1・5倍とか2倍もの時間がかかってしまうメンバーも散見されます。そうなるとこの働き方改革の中、業務を定時までに終えられないといったケースも出てきます。

基本、新人、若手のうちは定時には仕事を途中でもいったん中断させ、翌日に持ち越させるようにしなければなりませんが、それだけでは仕事のスピードは速くなりません。

新人とはいえ、戦力化してもらわないことには、業務の進捗や収益に支障が出てしまいます。

こうしたケースの改善策としては、**まずタスクや業務の「期限」を設定させることです。**配属したてのうちは指導する側が平均的なところでの目処《めど》として仮設定をしてあげてもいいですが、徐々に本人にさせるようにしてください。さらに発展させて、

「タスクをアサインされたら、まずどれだけ時間がかかるか見積もって（所要時間の見積もり）**、タスクごとの『期限』を設定するようにね。**

終わってなくても、締め切り時間が来たら、声をかけてくれる？

慣れてきたらスマホのタイマーで時間を計って見積もった時間と実際にかかった時間を記録して『予実管理』（予定と実際）**をすると、業務を時間内に収められるようになってく**

るよ」

と、「予実管理」という方法をタイムマネジメントの技術として指導すると、仕事の遅い人でも、ある程度までは改善されます。

また、タスクやなんらかの業務を任された時に何の段取りもしないで、「効率的なやり方」という意識なしに、ただ漫然とやり始めてしまう人がいますが、この方法はお勧めできません。

やはり仕事が速い人は段取り上手で、まずは「効率的なやり方」を考え、その準備をしてからスタートします。たとえば何かの資料作成を依頼された時、フォーマットや項目、コンテンツをゼロから考えるより、いくつかの見本になるテンプレートを用いて作成した方が、所要時間は大幅に削減されます。そうしたことを新人や若手に伝える言い方は、

「ただ漫然とタスクを始めるんじゃなく、どういう段取りで進めれば一番速く効率的に完了できるかを考えてから、スタートしようか。もちろん、初めてのタスクの時はイメージが湧かないだろうから、その時は聞いてくれる?」

といった感じになるでしょう。

◆期限内に終えられない「ボトルネック」の解消法を伝える

さらには何かにつっかえてしまって、その先に進めなくなって、そのまま就業時間内に仕事が終えられなくなってしまうケースも、新人には起こりやすい現象です。

要領のいい人は、さっさとそのボトルネックとなっていた箇所の解決法を指導員なり、先輩社員に聞いて解決して前に進めるのですが、先に紹介した「報連相のない人」のように、そうした質問をしたくない人もいれば、自分で考えて解決したい人もいるのです。

このあたりの指導が難しいのは、「自分の頭で考えた方がいい場合」と「自分の頭で考えても、成長につながる類のものではないケース」があるからです。後者の場合は、

「5分考えて分からなかったら、それ以上考えてもムダなので、自分に聞いてくれる?」

という指示を出しておくのが賢い方法になります。

「このタスクは〇〇という目的で、こんな感じで作って欲しいんだけど、どのくらいの時間でできそうかな。仮でいいんで自分で『期限』を決めてみてくれる？」

自己決定を促す

「タスクをアサインされたら、まずはどれだけ時間がかかるか見積もって（所要時間の見積もり）、タスクごとの『期限』を設定するようにね。終わってなくても、締め切り時間が来たら、声をかけてくれる？慣れてきたらスマホのタイマーで時間を計って見積もった時間と実際にかかった時間を記録して『予実管理』をすると、業務を時間内に収められるようになってくるよ」

タスクの所要時間を見積もらせ、「期限」を自分で設定させる

「ただ漫然とタスクを始めるんじゃなく、どういう段取りで進めれば一番速く効率的に完了できるかを考えてから、スタートしようか。

もちろん、初めてのタスクの時はイメージが湧かないだろうから、その時は聞いてくれる？」

仕事の「段取り」というものを教える

「5分考えて分からなかったら、それ以上考えてもムダなので、自分に聞いてくれる？」

明確な対処策を伝える

3位 人をうまく巻き込めない人に

NG できる人ほどつい出ちゃう残念な言い方⑮

「会社って組織だからさ、チームプレーができないとダメだよ」

➡ココがアブない！ そもそもチームプレーに違和感を持つ人もいる

◆うまく人を巻き込めない人の方が多い

子供の頃、皆で遊ぶより一人で遊ぶ方が好きだった、という人が一定数存在するものです。

スポーツでも野球、サッカー、バスケットボールのようなチームスポーツが好きな人と、陸上や武道など個人でやるスポーツの方が好きという人もいます。

仕事も一緒で、チームで進める仕事より、一人でやった方が自由でいいと思っている人は少なからずいます。

誰かと一緒に仕事を進めるのは面倒くさいし、自分一人でやった方が早くて気楽と感じていたり、依頼するのが苦手だったり、関係部門や協力会社の誰かと波風を立てたくないと思っていたり、そもそも調整に時間をかけるのが面倒だし、無駄と考えるタイプです。

だからといって「協調性がない」とまでは言い切れないのですが、傾向として人とのコミュニケーションも苦手で、人と一緒に何かをやるのはあまり好きではないというタイプで、技術者やIT業界には少なくありません。

ところが企業の仕事というのは個人で完結できるような仕事の方が少なくて、組織で動くわけですから、当然チームで仕事を進めること、つまり誰かと協業することが前提になります。

ですから、誰かと一緒に仕事をする際に、うまく相手を巻き込むことができない、協業に苦手意識を持ってしまうタイプのメンバーに対しては、なんらかの対策が必要になってきます。

◆抵抗感がなくなるまで小分けしてハードルを下げる

定番としての対処策は、まずは小さな協業にトライさせ、手応えを蓄積させる方法です。

いきなり大きな塊のままの協業をアサインしてしまうと精神的な負担が大きすぎるので、「このくらいならできそうだ」と負担感、抵抗感がなくなる大きさまで小さく区切って小分けしてアサインするのです。

言い方としては、

「これ、最初のここまでの工程だけでいいので、BP（ビジネスパートナー）の○○さんと進めて欲しいんだけど……」

という感じで、最初は跳べるハードルの高さまで小さく割ってアサインし、徐々に協業の比率を高めていくのです。「十分にやれそうだ」というプラスの兆しを体験し続ければ、徐々に協業に対する免疫ができてきます。

ちょうど花粉症の治療法である舌下《ぜっか》免疫療法のようなものです。スギ花粉などのアレルゲンをごく少量ずつ毎日体内に吸収させ、体質を改善していく療法です。

協業についても、得意にまではならなくても、少しずつ慣れていくことによって免疫なり、耐性なりが備わってくれれば、普通のルーティン業務の一環として抵抗なく取り組めるようになるでしょう。


また、「言い方」は自由にアレンジしていただければと思いますが、そうしたメンバーに協業の際の対処策を伝える方法もあります。

まずは協業相手の「人となり」を理解し、一緒に仕事を進めていく仲間なんだという意識を醸成する意図で、協業相手に「人として強い関心」を持たせるという方法です。

往々にして、**「人と一緒に仕事を進めるのが面倒」、「自分は個人プレーヤー向き」というのは、ただの先入観である場合も少なくありません。**

もちろん、一面の真実かもしれませんが、「人と一緒に仕事を進めるのが面倒」でも、何かあった時にフォローしてくれる相手でもありますし、その仕事を成し遂げた達成感を分かち合える相手でもあります。

人と仕事をする時は、「自分は個人プレーヤー向き」といった個人的な好みや感覚はいったん棚上げし、まずは直面する現実として、一緒に協業を進めていく相手をより深く理解することを心がけさせましょう。

関心を持ったうえで「どんな人なのか」、「何が強い人なのか」といったこと、そして「喜怒哀楽」のポイントはどこにあるのかなどに意識を向けさせれば、「人と一緒に仕事を進めるのが面倒」といった感情は表出しにくくなるものです。

同じ文脈で、協業の時は「私」という主語ではなく、**「私たち」**という主語を使わせるようにするだけで、「個人戦⇔団体戦」、「個人プレー向き⇔チームプレー向き」という、部下の頭の中に先入観としてあった対立構造を打破できます。

指導方法のオプションに加えておくといいでしょう。

「自分で考え、動く」を引き出す言い方 ⑮

「これ、最初のここまでの工程だけでいいので、ＢＰ（ビジネスパートナー）の〇〇さんと進めて欲しいんだけど……」

小さな協業にトライさせ、手ごたえを蓄積させる

4位 希望の仕事、配属先ではない人に

NG できる人ほどつい出ちゃう残念な言い方⑯

「ポジティブに考えよう!」

➡ココがアブない! 「ポジティブになれない」から困っているのに……

◆**「なぜ自分だけが」という他者との比較がモチベーションを低下させる**

希望と不安の双方を抱いて新人は入社してくるものですが、その希望が損なわれた時、モチベーションは著しく低下してしまうものです。

その最初の関門が配属先の発表です。

希望していない地域への配属、希望していない部門への配属など、研修後の配属の発表

では悲喜こもごものドラマが生まれます。

中でも多いのが配属される地域の問題。関東の生まれで、東京の大学を出ているのに関西支社（大阪）などに配属になってしまうケースです。

入社したのが自分一人の場合にはそれほどでもないのですが、問題はほとんどが東京本社に配属される場合です。

他との比較の中で「なんで自分だけが……」というやるせない思いが募ってモチベーションを下げてしまいます。

また、こうした配属される地域ではなく、部署に関しても同様のことが起こります。

たとえば、花形の企画部門を希望していたのに、営業部門になってしまったり、インフラ部門を希望していたのに、アプリケーション開発の部門になってしまったりする場合です。

明確な希望を持っていればいるほど、その希望がかなわなかった時、新人は落胆し、人によってはモチベーションを落としてしまいます。

実際、それが原因となって1年以内に会社を辞めてしまう新人は、昔からいましたが、年々漸増傾向にあります。

◆「陽転思考」で気持ちを切り替えさせる

こうした新人を先輩や上司として担当することになったら、まずは気持ちを切り替えてもらいたいはずです。

が、**「ポジティブに考えよう」**では単純すぎて、効果は出ません。

お勧めなのが**「陽転思考」**です。

「陽転思考」とは、何か自分にとって良くないことが起こった時、そのネガティブな事態の前に「せっかく」という言葉をつけて、その後に続く言葉を考えさせる方法です。

たとえば、てっきり東京本社の配属と思っていたのに、関西支社の配属になってしまった場合は、「せっかく関西支社の配属になったのだから〜」の「〜」を考えさせるのです。

「せっかく」から始まりますから、ポジティブなことしか思い浮かばないはずです。「前向きなことを考えてみようよ」と促すより、はるかに効果的です。

せっかく関西支社に配属になったのだから、「週末は京都を観光しつくそう」とか「大阪、神戸のB級グルメを食べつくそう」といったワクワクするポジティブなことが考えられると、負の感情は一掃されます。

「せっかくアプリケーション開発の部門に配属になったのだから、インフラもアプリケーションも両方分かる技術者になろう」

と思えればしめたものですが、このケースではアプリケーション開発で経験したことが将来インフラの分野でも生かせるということを具体的に語ってあげるのもいいでしょう。「アプリ経験者がいると助かる」というのは、インフラ部門の人から私が聞いた生の声です。

最初に配属された部門で得られるメリットを具体的に伝えるのもいいし、本人に考えさせるのもいいし、ロールモデルになるような人がいれば、その人のエピソードを紹介するのも効果的です。

◆物事には必ず恩恵やメリットがある

自分にとってイヤなことが起こると、そのことばかりが気になって、視野が狭くなってしまうものです。

その時の視野の広げさせ方ですが、「視野を広く持とう」と声をかけるよりも、

「近視眼でなく、30年、40年というスパンで考えると、関西からキャリアをスタートさせるメリットがあるんじゃないかなぁ」

という示唆の方が、効果的かもしれません。

例えば、英語を母国語としない人がアメリカにMBA留学する時、英語でのコミュニケーションにまずは慣れるため、サマースクールとかプレMBAといわれる3ヶ月程度の英語の集中講座を受けてからビジネススクールに入学するケースが一般的です。

この時、西海岸のビジネススクールに入学する人は東海岸のサマースクールに参加し、逆に東海岸のビジネススクールに入学する人は西海岸のサマースクールに参加することが推奨されています。

アメリカは西海岸と東海岸では別な国と思えるくらいに全くカルチャーが異なるので、せっかく留学するなら双方を体験すべきというのがその理由です。

西海岸のビジネススクールに入学が決まった私も、そのことを聞いていたので、東海岸のニューヨークの大学で、サマースクールに3ヶ月参加しました。

東海岸は、とにかく英語が早口で聴き取りにくく、人種差別も激しく、「英語でコミュニケーションが取れないのはお前のせいだ」と言わんばかりに、拙《つたな》い英語に合わせることはしないスタンスです。

一方、西海岸はもともと移民も多く、英語が拙い人も多いので、こちらのレベルに合わせてゆっくり話したり、分かりやすく話してくれる配慮もあります。

同じ国なのにそれだけ違うことを体験できたのは、その後のキャリアや人生でものすごくプラスになりました。

そうした30年、40年の時間軸で考えてもらう他に、人との「出会い」で考えてもらう方法も「アリ」です。

実は私たちビジネスパーソンというのは、結構な同質社会に生きています。

同じような家庭に生まれ、同じような学校を出て、同じような企業に就職するといった似た者同士というわけです。そうした同質社会では刺激が少ないので、イノベーションが生まれにくいというデメリットもあります。

そういう意味では、関東に生まれ育って関西配属というのは新鮮な出会いが多く、「同質社会」にはなかった刺激を得られるはずです。

「せっかく関西支社に配属になったんだから〜」
「せっかくアプリケーション開発の部門に配属になったんだから〜」

自分にとって歓迎できない事態の頭に「せっかく」をつけて、その後に続くことを考えさせる

「近視眼でなく、30年、40年というスパンで考えると、関西からキャリアをスタートさせるメリットがあるんじゃないかなぁ」

長期的な視点で考えさせる

5位 ルーティンには〝やる気〟が出ない人に

NG できる人ほどつい出ちゃう残念な言い方⑰

「地道な作業をおろそかにしちゃダメだよ」

➡ココがアブない！ 「上っ面をなぞった言い方」の典型。ほとんど何も伝わらない

◆**すべては基本動作の習得から始まることを伝える**

一見、単純作業や雑用に思えてしまうことが多い新人の仕事ですが、そこだけに注目してしまえば、そうした仕事に「意義が感じられない」と思ってしまうのは、ありがちなことです。

そう感じてしまうのは、「もっと価値のある仕事を」、「やりがいのある仕事がしたい」と

いうモチベーションからでしょうし、「こんな単純作業の繰り返しばかりじゃ成長できない」という焦りもあるでしょう。

もちろん、この場面で「もうひとつ上のランクのタスク、徐々に負荷の高いタスク」をアサインする手もありますし、遠からずそうすべきではあるのですが、やはり、その前に基本的な仕事、ルーティンにはどういう意味や意義があるのかということを、しっかりと本人に納得させるのが第一義となります。

相手に「腹落ち」させるには、何かを例にして伝えるのがベストですが、よく用いられるのが、**学生時代の部活や子供の頃の習い事**です。

中学、高校時代の部活は、スポーツでも音楽でも分かりやすいのですが、本番の試合や大会の時間などはごくわずかで、大部分の時間を練習に費やしてきませんでしたか?

しかも試合形式、本番形式の練習は最後で、最初は基本練習を繰り返してきたはずです。テニス、バスケット、野球、サッカー、バレーボール、武道、ブラスバンド等々、いずれも基本練習をして基本動作を身につけた後、試合形式、本番形式の練習に進んだはずです。

初めてテニスや野球を始めた時、まずは上級生や先輩のフォームを真似して、ラケットやバットの素振りから始めたのではないでしょうか。

もちろん、その前にウォーミングアップの準備体操やストレッチ、キャッチボールなどの基本練習がありましたが、いきなり試合や演奏が始まるケースなど皆無に違いありません。スポーツならケガをしてしまうでしょうし、練習なしの演奏など考えられません。

仕事もまったく同じであることを新人に伝えましょう。そもそもどんな仕事も95％は定型・反復業務の繰り返しで、残り5％程度が問題解決・創造業務という自己表現のチャンスといった割合なのではないでしょうか。

しかも、この5％は、95％が完璧にこなせた後にあるようなものです。「価値のある仕事」や「成長」を希望するなら、なおさら基本や日々のルーティンを完璧にこなせるようになるのが近道であることを伝えましょう。

◆「量質転化」とは何か

その時に使って欲しい考え方が「量質転化」という概念です。これは文字通り「質」は

「量」からしか生まれないという意味です。

この話をする時、例え話としてよく用いられるのが、日本人なら英会話の習得の方法です。英語が母国語でない日本人がマスターするためには、英語に触れる延べ時間が1000時間必要と言われています。この1000時間を閾値《いきち》と呼んだりしますが、英会話の教材などはこの閾値を目安に作られています。

経験された方もいるかもしれませんが、英語の習得というのは、その学習のために費やした延べ時間と上達が正比例しません。閾値の1000時間を超えた瞬間にいきなり、英語がクリアに聴こえるようになり、ペラペラと話せるようになるという話です。

スポーツや楽器の演奏も、ある一定のレベル（質）になるには閾値に達する練習の量が不可欠という意味で同じではないでしょうか。

まさにこれは仕事も一緒ですので、こうした話で基本的な仕事やルーティンの重要さを諭すようにしましょう。

また、こうした新人や若手社員にはそもそも「仕事とはどういうものか」を伝えて欲しいと思います。その時よく使われるのが、寓話やドラッカーの「3人のレンガ職人（石工）」

をオマージュした話です。

簡単に紹介しておくと、旅人がある現場でレンガを積んでいる職人に声をかけるところから話が始まります。

「今、何をされているのですか？」

「何？　見りゃ分かるだろ、レンガを積んでるんだよ。雨の日も風の日も。腰は痛いし、手はこんなになっちまったよ」

職人は、ひび割れて汚れた両手を開いて見せました。

旅人は簡単にお礼を言って歩き始め、角を曲がって、また同じ現場の別な人に声をかけました。

「今、何をされているのですか？」

「私ですか？　大きな壁をつくっているのです」

「大変ですね」

「いえいえ、この仕事で家族を養っていくことができるので、全然大変ではないですよ」

旅人は礼を言って、また歩き始めます。

そして、また別な職人に声をかけます。
「今、何をされているのですか？」
「これですか、今、私は教会の大聖堂をつくっているのです」

さて、この3人の職人、まったく同じ作業をしているにもかかわらず、
1人目：単にレンガを積んでいる
2人目：家族のために働いている
3人目：200年後、300年後も地域の人の憩いの場となる教会の大聖堂をつくっていると、バラバラな思いでレンガを積んでいました。
同じ仕事でも、やりがいを感じてやる人と、そうでない人が存在することを示しています。

同時にこのエピソードは、仕事のやりがいは自ら発見・創造するものだということを教えてくれます。そうした人に信頼が集まるということも、部下や新人に伝えて欲しいと思います。

「自分で考え、動く」を引き出す言い方 ⑰

「一番、バットの素振りをしているのがプロ野球のバッターだよね。イチローだってストレッチに1時間もかけたのと一緒で、自分たちの仕事も一見すると地味で基本的な作業、ルーティン業務の先に価値を生み出す仕事があるということを忘れないようにしよう」

基本的な仕事、ルーティンの繰り返しには、どういう意味があるのかを説明する

6位 自分のやり方にこだわる人に

NG できる人ほどつい出ちゃう残念な言い方⑱

「○○さんのやり方では時間がかかり過ぎて、非効率で生産性は低いし、ミスも多いからダメ。指示した手順でやって」

➡ココがアブない！ 頭ごなしに「否定」されると、やる気が失せる

◆「現状維持バイアス」を上手に外す

頑固で柔軟性に欠けると言ってしまえばそれまでなのですが、自分のやり方にこだわり過ぎて遠回りをしてしまう新人も、毎年一定数は存在しています。

右も左も分からなければ、方法や手順を聞くか、指示されたやり方に従うしかありませ

んが、すでに学生時代にやったことがあることだったり、資格を持っていたり、あるいは研修である程度できるようになっていると「自分のやりやすい方法」をすでに持っているケースがあるのです。

正しいやり方、手順であればまったく問題ないのですが、もっと速い標準的な手順や方法があるにもかかわらず、我流の「自分のやり方」にこだわってしまう人がいます。「自分のやり方」という現状を基準にしてしまうあまり、たとえ有益であったとしても自分の知らないことや、経験したことのないものに心理的抵抗が生まれます。現状に固執してしまう心理的傾向を**「現状維持バイアス」**と呼びますが、まさにその状態です。

そうなると、単に他の方法を考えるように促してもしっくりこないのか、自分のやり方に固執して、余分な時間をかけてしまいがちになります。その結果、完成はするものの、手際が悪いので生産性が低く、先輩社員を困らせることになるのです。

こうした現状維持バイアスの外し方ですが、**「定量的な客観視」**と**「到達可能な目標設定」**がよく採用されます。定量的な客観視というのは、定量的な「比較」によって本人に気づかせる方法です。

具体的には「所要時間」や「処理件数」、「作成枚数」など、定量的に測定可能な基準を設けるといいでしょう。

他の人の標準的な時間と比較させる方法もあるのですが、部下によっては他と比較されることを極端に嫌ってモチベーションを落としてしまう人もいるので、あくまで本人の中の比較を利用する方が無難です。

ただし、プライドの高い部下の中には、他との比較が効果的という人もいるので、ここは部下のタイプによって使い分けるようにしましょう。

◆「小分け」の技術を活かす

もうひとつの方法、「到達可能な目標設定をさせる」ですが、これは先に紹介した「小分けの技術」と同じ原理です。

このケースでは、自分のやり方、他のやり方という二元論で考えさせず、本人のやり方を尊重しつつ、「あるべき手順」、「あるべき方法」にベクトルが合うように、少しずつ「これならできそうだ」と思える大きさに「小分け」して修正を促すのです。

「○○さんは、どういうやり方でやりたい？」
「××××××××××」
「なるほど。確かにそういう方法もあるよね。そしたら○○さんのやり方とも共通点が多いやり方で、△△という手順でやると時間的にかなり速くできるけど、この手順、○○さんのやり方との共通点とか類似点は、どんなことかなぁ」

という流れです。

「○○さんのやり方では時間がかかり過ぎて、非効率で生産性は低いし、ミスも多いからダメ。指示した手順でやって」

とストレートに言いたいところですが、ここが難しいところで、確かにその通りであっても、それではモチベーションが低下してしまいます。
ただでさえ現状維持バイアスを消すには大きなエネルギーが必要なのに、ここでモチベーションを低下させては逆効果になってしまう危険性があるのです。

「ちょうど同じようなタスクが2つあるので、試して欲しいんだけど、最初は○○さんの好きなやり方でやって。次はこの手順でやって、それぞれどれだけかかったか、所要時間を測定しておいてくれる?」

定量的に客観視させる

「○○さんは、どういうやり方でやりたい?」
「××××××××××」
「なるほど。確かにそういう方法もあるよね。そしたら○○さんのやり方とも共通点が多いやり方で、△△△という手順でやると時間的にかなり速くできるけど、この手順、○○さんのやり方との共通点とか類似点は、どんなことかなぁ」

自己決定を促しつつ、ベクトル合わせを行う

7位 努力する部下が失敗した時

NG できる人ほどつい出ちゃう残念な言い方⑲

「注意力散漫なんじゃない？」

➡ココがアブない！ 「注意力散漫」を指摘しても、その解決にはならないどころか逆効果

◆珍しいミスこそ原因を把握したい

まじめで責任感の強い人ほど、何かミスや失敗をすると「自分のせいだ」と必要以上に自分を責めてしまいます。

もちろん、ミスや失敗をリカバリーした上で原因を反省して、再発防止に努めてくれればそれでいいのですが、頭ごなしにミスや失敗を叱責してしまうと、「自分はもうダメだ」

と自信を失って、やる気まで落としてしまう人もいます。

ひたむきに努力を重ねている人が珍しくミスをするのには相応の理由があるはずで、仕事の方は先輩社員なり上司がカバーするとして、問題はその理由の解決です。

どこまでプライベートに踏み込んでいいかは迷うところだと思いますが、家族の介護、病気、事故といったことであれば、組織としての支援体制も必要なので、さりげなく聞いた方がいいケースもあります。

その場合に大切なのは聞き方です。定番なのが、

「○○らしくないけど」

という枕詞からスタートすることです。

この一言で、「相手のことを肯定し、信頼していること」が伝わります。その上で**「何か家庭とかで気になることとかあった？」**と尋ねれば、「実は……」と理由を話してくれるでしょう。

プライベートなことなので、特に詮索して欲しくないという人もいるかもしれません。友人との人間関係のもつれや失恋といったことが真の理由であれば、「特にありません」と返答するかもしれません。家族の病気や事故といったことではなく、会社として支援体制が必要ないケースであれば、特にそれ以上詮索する必要はありません。

いずれの場合でも**「○○らしくない」**というフレーズが効いていますし、その上で、「何か家庭とかで気になることとかあった？」と**「家庭とか」**を強調し、「一人で抱え込ませないという気づかい」が伝わることを意図しています。

◆「励ます」というコミュニケーションの様式を使う

また、こうした場面で、あえて言葉でコミュニケーションを取るのではなく、ＳＮＳやチャットで**「Never mind.」**といったメモを残す方法があります。

これには、「気にするな」というより「私はそんなミスや失敗を重要視していないので、気にしないで」というニュアンスがあるので、この一言で救われたと昔を懐かしむ経験者が多くいるリアクションでもあります。

「自分で考え、動く」を引き出す言い方⑲

「○○さんらしくないけど、何か家庭とかで気になることとかあった?」

「一人で抱え込ませない」という気づかい

「Never mind.」（メモやSNSで）

「気にするな」という強いメッセージ

8位 コミュニケーションで苦労している人に

NG できる人ほどつい出ちゃう残念な言い方⑳

「あんまりコミュニケーションうまくないね」

➡ココがアブない！ 「うまくなる」ように育成、指導するのが上司の仕事

◆日本語の特性

「コミュ障」というワードは、今や完全に市民権を得ています。

「コミュ障」まではいかなくても、伝える力が未熟なために相手が動いてくれずに納期に遅れてしまったり、「言った・言わない」でモメるなど、コミュニケーションに苦痛を感じている人は少なくありません。

また、頭脳明晰《めいせき》な反面「空気が読めない」部下に対し、その短所をいかに改善させていくかに思い悩んでいる上司、先輩もかなりの数にのぼります。

そうした部下、後輩に対して「テッパン」ともいえる対処法を、ここで紹介することにしましょう。

「空気が読めない」ことが問題になるのは、私たちが日本語を用いてコミュニケーションをしているからです。そもそも英語やドイツ語、北欧の言語を使っていれば、空気を読む必要すらないのです。このあたりの「理屈」を、まずはその部下に教えていきましょう。

◆問題の本質は当人ではなく「日本語」の特性にあった！

日本語というのは言語学的には**「超文脈依存言語」**に分類され、しかも文脈依存度は圧倒的に世界一です。KY、つまり〝空気を読めない〟の「空気」が「文脈」のことです。

例えば、取引先との会食の場で相手のグラスが空《から》になりそうだったので、「もう1杯同じものいかがですか？」と声をかけたら、相手は「結構です」と。

さて、この「結構です」ですが、「はい、同じものをお願いします」とも取れるし、逆に「いえ、いりません」とも取れます。

ところが、日本人のほとんどがその場に入れば、「YES」の「結構です」なのか「NO」の「結構です」なのかを識別することができます。

なぜなら日本語は、「もう1杯同じものいかがですか?」、「結構です」という言葉のやり取りだけで意思疎通をしている言語ではないからです。言葉や声のトーンに加え、表情や態度、それらの変化やその場の雰囲気、そこまでの流れなどを総合的に判断して相手の真意を推し量る言語なのです。

なので、その背景にあるものを汲《く》み取る意識が弱いと、相手の真意を読み間違えることになってしまいます。

◆「背景」を共有させる

では、どうすればいいのか。「汲み取る力」、「伝える力」が未熟な部下や後輩に、そこから発生するリスクを軽減させるには、どうしたらいいのでしょうか。

それらが未熟なのは、そもそも操りにくいツールである日本語の使い方のコツを押さえていないのが、大きな原因です。

なので、まずは「言葉」で伝えようとするのはもちろんですが、それ以上にその文脈、つまりその背景をしっかり伝えるようにさせます。

その上で、自身の理解に齟齬《そご》がないかを確認するために、質問をする習慣をつけてもらいましょう。これを**「確認質問」**と呼びます。

「最後に1点確認なのですが、これ、来週の火曜にはできているっていう理解でよろしいでしょうか？」という要領です。

そこで相手の言質《げんち》を取ってしまえば、仮に先方に他の「大至急案件」などが生じても、その際は相手から何らかの打診があるはずです。

コミュニケーション上の齟齬の確認は、対話の後のメールやチャットなど文章で確認する方法もありますので、伝える力が拙くて苦労をしている人には、そこも丁寧に指導してあげてください。

こうしたケースでは、原因は本人のコミュニケーションスキルではなく、**日本語が超文脈依存言語という扱いづらいツールであるという「背景」を伝え、それを補うための方法が必要としたうえで、方法を共有するのがポイントになります。**

「自分で考え、動く」を引き出す言い方⑳

「○○さん、私たちが使っている日本語って、『超文脈依存言語』という、世界でもっとも相手に伝わりにくい厄介な言語なんだってさ」

日本語は世界でもっとも相手に伝わりにくい「超文脈依存言語」であることを教え、その欠点を補うコミュニケーションの方法を共有する

9位 不器用で損をしている人に

NG できる人ほどつい出ちゃう残念な言い方㉑

「まだまだ若いなぁ」
「大人なんだからさ」

➡ココがアブない！ 「だから何？」とリアクションされる不用意な昭和節

◆**代表的な3タイプ**

組織の中には、「組織人として不器用な人」、「バカ正直すぎて損をしているなと思える人」が、少なからず存在しています。

ここでは代表的な3例を示して、そうした人への指導の方法や「言い方」を紹介することにします。

まずは、朝令暮改型の上司の指示を真に受けて、すぐに動いてしまうタイプ。

周りはその上司の特性をよく理解していて、思いつきの発言が多く、指示や言うことがコロコロ変わるので、2~3日様子を見てから動き始めるのに、それに気づかずスタートしてしまう。

〝行動が早い〟のはいいのですが、こうした場合、指示がまた変わる可能性が高いので、徒労になることが少なくないのです。

要は「振り回される」ということで、上司の特性を理解していない、大局的な視野の不足ともいえるでしょう。

◆組織の「暗黙のルール」の押さえ方を共有する（示唆する）

かつて、こうした場面では、**「もっと大人になれよ」**という言い方も多かったのですが、この言い方ですと、同調圧力を強いる危険もあるので、

「○○さんの『行動が早い』のは、ものすごい長所だと思ってるよ。で、ひとつアドバイスなんだけど、N部長の指示は、すぐに変わることもあるので、2～3日寝かせてから行動に移る手もあるよ。N部長の指示を鵜呑《うの》みにするんじゃなくて、大局的に判断する段階に入ってるから」

という言い方の方がベターです。

◆**思考や熱意が改善策に結びつくような軌道修正を**

次は、正論を真正面から主張して苦笑されるタイプ。

皆その正論は分かっているのですが、それが「できない」から苦慮しているのに、そうした事情を勘案せずに正論を振りかざされると、事情が分かっている人は苦笑するしかありません。

肯定的に解釈すれば、よく実態を把握しているし、問題意識も高く熱意があるからこそ主張しているはずです。「**まだまだ若いなぁ**」とか「**大人なんだから、あきらめろ**」などと冷や水を浴びせてはいけません。

その思考や熱意を、改善策や行動に結びつけて欲しいという意図で、

「〇〇さんの主張はもっともで、いいところに気づいたと思う。実は私たちもそれが問題だということをずっと議論していて、そのトレードオフ関係を解決する方策に行きついてないんだよね、組織のしがらみもあって……。

なので、〇〇さんの若い発想で、一度解決策を考えてもらって、提案にして持ってきてくれるとありがたいんだけど……」

といった言い方がいいでしょう。

正論と組織の現実論には、ギャップが生じることが少なくありません。そのギャップを「仕方がない」であきらめるのではなく、解決するために若いエネルギーを使ってもらうことを忘れないようにしたいものです。

◆矯正するのではなく、気持ちよく仕事をさせる

最後は、目立ちたがり屋で浮いてしまっているタイプ。

目立ちたがり屋というのは、実力が伴わないとそれだけで顰蹙《ひんしゅく》を買いやすい存在になります。

ですが、マネジメント的にはその「目立ちたい」というモチベーションは、仕事での成長を促進するエネルギー源になるので、生かさない手はありません。

基本は、小さくてもいいので、出ている成果、成長をどんどん褒めて仕事の負荷を高めていく方法です。言い方としては、

「前々から○○さんのポテンシャルってかなり高いと思ってるんだけど、もっともっと仕事の実績面で目立って欲しいんだよね。まずはどの分野で実績を上げて注目されてみたい？」

といった言い方。この際のポイントは「豚もおだてりゃ木に登る」を肯定的に解釈して、多用することです。部下、後輩を「ヨイショ」してかまわないので、気持ちよく仕事をさせて目立つ存在になることを支援するわけです。

もちろん、仕事でもストレッチをかけて、必要なスキルやナレッジの指導はしっかり行いましょう。

「○○さんのその素直な人間性は、人としては素晴らしいと思う。ただ組織の中では、その素直さが〝仇《あだ》〟になってしまうこともあるので、組織での処し方をアドバイスしていいかなぁ？」

仕事のスキル以外に「組織のスキル」があることと、その内容を伝える

「○○さんの『行動が早い』のは、ものすごい長所だと思ってるよ。で、ひとつアドバイスなんだけど、N部長の指示は、すぐに変わることもあるので、2～3日寝かせてから行動に移る手もあるよ。N部長の指示を鵜呑みにするんじゃなくて、大局的に判断する段階に入ってるから」

背景を伝えて、具体的な行動のヒントを与える

「○○さんの主張はもっともで、いいところに気づいたと思う。実は私たちもそれが問題だということをずっと議論していて、そのトレードオフ関係を解決する方策に行きついてないんだよね、組織のしがらみもあって……。

なので、○○さんの若い発想で、一度解決策を考えてもらって、提案にして持ってきてくれるとありがたいんだけど……」

本人の行動を承認し、さらに建設的な行動につなげてもらう

「前々から○○さんのポテンシャルって、かなり高いと思ってるんだけど、もっともっと仕事の実績面で目立って欲しいんだよね。まずはどの分野で実績を上げて注目されてみたい？」

本人のやる気に火をつけ、具体的な方向性を一緒に考える

◉部下は家族でも友人でもなく、自分が「欲しい」と選んだ存在でもない

部下は家族でも友人でもなく、自分が「欲しい」と選んだ存在でもありません。

上司としての役割責任は、部下の成長とパフォーマンスを最大にすることであり、**好かれようが嫌われようが、そういう感情レベルのことは気にしないに限ります。**

なぜなら「いい上司」の定義とは「自分を成長させてくれた人」、「自分を育ててくれた人」であって、十数年後に気づく場合も少なくないからです。部下に好かれようとして迎合すると、育成やチームの業績に支障が出る危険があるので要注意です。

◉今の時代、「厳しい」、「甘い」だけでは単純すぎる

部下に甘く接すると、なめられます。指示をスルーしたり、提出物の期限を守らなくなります。

逆に厳しく接すると今度は壁をつくって、意思疎通を図ろうとしなくなります。

例えば、右肩上がりに業績が向上している企業や組織、あるいはメンバーがプロの軍団である場合、「厳しい」マネジメントによって成果を出すことができます。

ですから、昭和の高度成長期から日本がまだ成長期だった1997年あたりまでは「厳しい」だけの上司でも成果を出すことができました。

ところが、日本が成熟期に入った1998年以降、「厳しい」だけのマネジメントでは成果が出ないどころか、逆効果になるケースがどんどん増えていって、企業のマネジメントは大きな変革を迫られることになりました。

◉原理・原則を順守した上でマネジメントスタイルを発揮する

結局のところ、部下一人ひとりを観察し、部下の強み・弱みを把握した上で、上司の期待と要望・課題に応じた育成方針に基づくマネジメント方法を選択することが求められるようになったのです。

そのために、部下とのコミュニケーションにおいても、厳しい、甘いといった単純なものではなく、その場に応じた指示、命令、説明、激励、期待、共感、指摘、質問、示唆、叱責といったコミュニケーションの様式の選択と、相手の行動変容を促す言い方、聞き方が求められているのです。

4章

《「あの人、うまいよね」と言われる神ワザ》

「困った部下」が戦力になるすごい質問9

最後の章は、少々骨の折れる人への対応についてです。

厳しく叱ったり、残業で帳尻合わせをさせられない今の時代、実際に部下の行動変容につながると評価を得てきた言い方を、この章でも「多い順」に見ていきます。

1位「間に合いません」と平気で言う人に

NG できる人ほどつい出ちゃう残念な言い方㉒

「納期厳守もできないって、学生じゃないんだからさ」

➡ココがアブない！「小言」や「文句」に聞こえてしまい、避けられがち

◆自分の頭で考えさせる

切迫感がないというか、仕事を「自分事《ごと》」にできていないというか、締め切り間際で、できていないのに焦っている感じのない部下や後輩……。

「間に合わない」が、どれほど評価を下げ、関係者に迷惑をかけるかについてまったく分かっておらず、まるで他人事のような人は、上司の悩みの種でしょう。

このケース、自分の仕事を「点」でしか見ておらず、前に紹介したレンガを積む作業に例えると、「セメントを塗って、その上にレンガを積む」ことしか見えていないのです。「点」でしか見えていないので、他の人より作業が遅れているとか、レンガがズレているとか、曲がっているとかいったことにも気づけなければ、ましてや「教会をつくっている」などという意識も持てないでしょう。

ですので、**叱責したり警鐘を鳴らすのではなく、まずは本人の頭で考えさせないことには、その行動が変わることはありません。**

もっとも基本的な言い方としては、

「『間に合わない……』か……。どうしようかね……。○○さんが間に合わないと、その後どうなるのかね？」

と質問して、間に合わなかった場合、後工程《あと》を担う人がどうなるのか、どうするのか、○○さんのことをどう思うのかを本人に想像させましょう。

この回答を聞いて、迷惑をかけていることに本人が気づいたならば、その後に、

「どうすればよかったのか」を考えさせることです。

さて、「そんなんじゃ生ぬるい」、「その程度のことはすでにやっているが、効果がない」と言う人もいるかもしれません。

◆修羅場を経験させる

そういう人のために、その後、トラブルが起きても上司が収拾できる自信がある場合という条件付きで、伝統的な手法も共有しておきましょう。

俗に言う「修羅場を経験させる」方法で、こうしたタイプの部下や後輩の行動変容に大きな効果をもたらしてきた方法です。こうした場面でなくても、業界によっては、人を一皮むけさせるのにこれ以上のやり方はないとまで言われています。

例えば、この場面では、

「『間に合わない……』か……。そっか。それじゃ、とにかく、後はよろしく」

と、本人に任せてしまいます。

後工程を担う部門からの集中砲火を部下に浴びさせ、顧客から出入り禁止されるとしても、その矢面に部下を一人で立たせるのです。

事態が炎上しようが、火消しの一切合切を本人に任せます。その事態の収束を一人でさせるのです。

これでは無責任すぎて、あなたのマネジメントスタイルに合わないなら、

「いい機会だから、後工程まで全部ハンドリングしてみようか」

という言い方にしてもかまいませんが、**後工程を担う部門から集中砲火を浴びるところをはじめとして、さらなる修羅場を経験させないと、そうした部下や後輩の行動変容は起きません。**

もちろんこの方法は荒療治ですから、必要に応じて本人には気づかれないように、裏で関係部門や顧客に「部下を育てるため」と根回ししたり、事態収拾のためにフォローしておくこともあります。

「『間に合わない……』か……。どうしようかね……。○○さんが間に合わないと、その後どうなるのかね？」

間に合わないことで、誰がどんな迷惑をこうむるのか想像させる

「『間に合わない…』か……。そっか。それじゃ、とにかく、後はよろしく」

修羅場を経験させる

「いい機会だから、後工程まで全部ハンドリングしてみようか」

修羅場を経験させる

2位 指示を平気でスルーする人に

NG できる人ほどつい出ちゃう残念な言い方㉓

「いい度胸してるね」

➡ココがアブない！ 言いたい気持ちはよくわかるが、相手の行動は変わらない

◆**それでも、本人の「やる気」に着火させたい**

上から下りてきた指示、目標やノルマを「やれ」と言っても、やらない部下。スルー癖が身についており、「できない人もいるからいいじゃん」、「ホントにやらなきゃいけないならまた言ってくるだろうから、いいでしょ」と、上司の足元を見ている。「スミマセン」はすぐに出てくるので、暖簾《のれん》に腕押し……といった部下です。

正直、こうした部下がいるか否かは、その企業や組織の風土と業績にもよると思います。目標を最初からスルーしてしまう社員を抱えられるというのは、ある意味、経営的な余裕がないとできません。

組織によっては「退職勧奨」の要件が揃《そろ》ってしまう場合もありますが、人事部や労働弁護士マターにする前に、まずは上司がマネジメントで、繰り返しあの手この手で行動変容を促すのが第一義です。

その上で大原則となるのは、**上司が強く命令したり叱責したから「しぶしぶ」行動を起こすのではなく、「自分で決めたことだから～」という自己決定を促すことです。**

自己決定と目標やノルマとのベクトル合わせを、本人と上司で行うのがセオリーですが、言い方は、

「○○さん、今期さ、『これ、やりたい』とか『これだけはやり切っておきたい』とか『達成しておきたい』っていう自己目標ある？」

という方向になるでしょう。

そのココロは「成長が実感できるような自己目標を設定させる」ことによって、〝自分のために〟、〝自分の成長のために頑張る〟ということで「やる気」に着火させるのです。

人は、会社や上司に命令されたことより、「自分のために」、「自分で決めたことのために」頑張れるようにできています。

その特性を利用するのです。

◆叱ってもいい場面

「そんなんじゃ生ぬるい、そうした言い方はこれまでも試してきたけど効果がなかった」という場合は、叱るというコミュニケーションの様式を用いるのも「アリ」です。

ただし、このケース、言い方には気をつけないと逆効果になってしまうので、

「ひとつ聞きたいんだけど、○○さんの仕事に向き合うスタンス、それでいいと思ってる?」

といった質問をして、あくまで自己決定を促すようにしましょう。

「叱る」という文脈においては、部下の能力やスキルが高い場合に限定した言い方になりますが、

「○○さん、その△△の能力を使わないのは罪だよ。発揮しない理由があるの?」

というのが、これまでもっとも効果を上げた定番の言い方になります。

叱責といっても、この表現には「期待を言葉にして伝えている」ニュアンスがあるので、言われた方は前向きに受け止めることができます。

◆集団心理に巻き込む

組織には自浄作用がありますので、こうした部下に対しては、「上司と部下」だけの関係に留《とど》まらせず、「こうした部下とチーム全体」という関係でコミュニケーションを進める方法もあります。

具体的には**「私たち」**という主語を用いて、会話するのです。

例えば、

「〇〇さんの気持ちは分かるよ。なんで自分たちのチームだけ、こんなにノルマがキツいんだって……。

でもさ、それって経営側の期待の表れだし、全国で一番成長している市場を担当しているわけだし、新商品も出るし……。

私たちのチームのメンバーは皆、最後まであきらめずに目標（予算）を追いかける人ばかりだから、新人の◎◎さんまで必死で数字を追いかけてるけど、その皆の姿勢をどう思う？」

といった言い方をベースに、最適なものにアレンジして使ってみてください。

「自分で考え、動く」を引き出す言い方㉓

「〇〇さん、今期さ、『これ、やりたい』とか『これだけはやり切っておきたい』とか『達成しておきたい』って自己目標ある?」

自己決定を促し、ノルマとのベクトル合わせを行う

「ひとつ聞きたいんだけど、〇〇さんの仕事に向き合うスタンス、それでいいと思ってる?」

相手の認識について聞いてみる

「○○さん、その△△△の能力を使わないのは罪だよ。発揮しない理由があるの？」

期待していると思えるように「叱る」

「○○さんの気持ちは分かるよ。なんで自分たちのチームだけ、こんなにノルマがキツいんだって……。

でもさ、それって経営側の期待の表れだし、全国で一番成長している市場を担当しているわけだし、新商品も出るし……。

私たちのチームのメンバーは皆、最後まであきらめずに目標（予算）を追いかける人ばかりだから、新人の◎◎さんまで必死で数字を追いかけてるけど、その皆の姿勢をどう思う？」

集団心理に働きかける

3位 ミスの重大性を分かっていない人に

NG できる人ほどつい出ちゃう残念な言い方㉔

「なんでそんなに他人事なのかな。分かってんの？」

➡ ココがアブない！ 「スミマセン」という返答を引き出しても、同じことを繰り返す

◆叱る場面では、切り出し方が大事

ミスの重大性を分かっていない若手や新人が増えてきた、という声を頻繁に聞くようになりました。

「○○さんさぁ、これ大変なミスだぞ、分かってる？」と言っても「はい……」と言うだけで、まるで恐縮している感じがない。「よくあるヒューマンエラーですよ」とでも言い

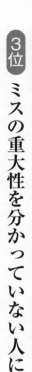

たげ……このままじゃ先々とんでもないことをやらかすぞ……というタイプです。

2章で「怒る」と「叱る」の違いを解説しましたが、この場面、指導を繰り返しても改善が見られないなら、「期待されているからこそ」というメッセージが伝わるように「叱る」のも効果的です。

切り出し方としてお勧めなのは、「○○さん、これからイヤなこと言うよ」という言い方です。

「○○さん、これからイヤなこと言うよ。だけど、今、言っておかないと○○さんのこれからのビジネス人生が閉ざされてしまう可能性があるので、心を鬼にして言う。

あのさぁ、○○さん、同じミスを繰り返しているので、他の部門やお客様から『○○さんとは仕事したくないから、担当替えて』って声が出てる。私はこれまで、○○さんをずっと見てきてるので、どれだけ高い潜在能力を持っているかには気づいている……。

しかし、いかんせんミスが多くて、何より、その改善が見られないことを残念に思う。これだけ能力が高いのに、なぜこんな大変なミスを犯すのか不思議で仕方がないんだけど、それって○○さん的には、どんなところに原因があると思う？」

パワハラや部下との関係が悪くなることを恐れて、自分が選んだ部下でもないし、いずれ異動になるのだから、「嫌われてまで真剣に指導する必要はない」と、そうした部下となるべく関わらないようにする上司も散見されるようになりました。

しかし、それでは「部下の成長」に関する上司としての役割責任の放棄になってしまうので、言い方、やり方の試行錯誤を継続するようにしましょう。

もちろん、一人であれこれ悩むのではなく、管理職の同僚やかつての上司や研修講師などに相談しながら、最適な方法を手繰り寄せて欲しいと思います。

さて、この切り出し方ですが、冒頭から「**イヤなこと言うよ**」と宣言してしまっているので、部下の方もそのモードで内容を聞く準備ができます。

しかも、上司の感情をぶつけられているのでもなく、人としてのキャラクターを攻撃されているのでもなく、コミュニケーションの対象は、自分がしでかした「ミス」に関してです。

しかも「高い潜在能力を持っている」と人として認めてもらっているので、反感といった負のエネルギーを抱える理由もありません。

その上で、結論が「どんなところに原因があるのか？」というオープンクエスチョンなので、「ハイ」、「分かりました」と〝良い返事だけして適当にすませて〟この対話を打ち切ることもできません。

自然な流れで、「ミスの原因」について、自分の頭で考えざるを得ません。

自分で原因に気づくことができれば、その対策についてもいくつかのアイデアが湧くはずです。

もちろん、対策については上司からアドバイスをしたり、相談しながら試すこともできますので、まずは自分事としての原因究明に導くことが大事です。

◆口頭ベースではなく、チェックリストや報告書、経緯書という小道具を用いる

ここまで、言い方を紹介しましたが、このケースは口頭ベースではなく、チェックリストや報告書、経緯書といった書類を用いるのも効果的です。

チェックリストについては、ミスが起きないようにする手順書なので、それを用いる本人の意思さえあれば、確実にミスは減らせます。

また、口頭ベースではなく、ミスの原因や背景をオフィシャルな報告書や経緯書にすると〝適当にすませることのできない重大さ〟が伝わります。

「おお、やっちゃったねぇ……。今度ばかりは、私のレベルではすまないので『再発防止』って観点で報告書上げてくれる？　で、その時に原因とか要因はできるだけ、詳しく書いてね。書き方やフォーマットが分からなかったら、言ってね」

といった感じで。

「〇〇さん、これからイヤなこと言うよ。だけど、今、言っておかないと〇〇さんのこれからのビジネス人生が閉ざされてしまう可能性があるので、心を鬼にして言う。

あのさぁ、〇〇さん、同じミスを繰り返しているので、他の部門やお客様から『〇〇さんとは仕事したくないから、担当替えて』って声が出てる。私はこれまで、〇〇さんをずっと見てきてるので、どれだけ高い潜在能力を持っているかには気づいている……。

しかし、いかんせんミスが多くて、何より、その改善が見られないことを残念に思う。これだけ能力が高いのに、なぜこんな大変なミスを犯すのか不思議で仕方がないんだけど、それって〇〇さん的には、どんなところに原因があると思う？」

「期待されているからこそ」と思えるように叱る

「おお、やっちゃったねぇ……。今度ばかりは、私のレベルではすまないので『再発防止』って観点で報告書上げてくれる？　で、その時に原因とか要因はできるだけ、詳しく書いてね。書き方やフォーマットが分からなかったら、言ってね」

突き放す

4位「あの人に話しとけって言ったでしょ！」と怒りたくなる人に

NG できる人ほどつい出ちゃう残念な言い方㉕

「ホント、分かってないよね」

➡ココがアブない！ 世の中には「組織の機微」が見えない人も存在する

◆気が利かない、調整が面倒というタイプ

コミュ障なわけではないが、気が利かない、かつ面倒くさがり屋。あるいは謝ったり、調整するのがイヤという部下。

「これは、あの人に話を通したり、頭を下げたりしておかないと」という手順を、まず分かっていない。

指摘しても、やらない。

こういうタイプは昭和の時代からいて、営業部門、スタッフ部門、技術部門など多岐の分野で散見されたものです。

中には「人とのコミュニケーションが苦手だからこの業界に入ったのに、なんで顧客との調整をやらなきゃならないんだ」と、ボヤいている人もたくさんいました。

しかし不思議なもので、そういうタイプの人たちも、いつしかリーダーになり、マネジャーになり、部長、役員にまでのぼりつめる人もいました。

上司や先輩から指導されて変わった人もいるかもしれませんが、現実の圧力の方が断然強くて、そんな自分のままでいることを組織も顧客も許してくれなかったというのが率直なところだと思います。

要は、気が利かなかろうが面倒くさかろうが、謝ったり調整したりしないと、日々のルーティンが回らないどころか、そのしわ寄せが全部自分に来てしまうので、嫌いとか、やりたくないといった個人的な好みで仕事をすることが物理的に不可能だったのです。

誰も代わってくれない、上司も「それどころじゃない」となれば、自分で対処するしかなかったわけです。

その結果として、そうしたタイプの人たちは、組織や企業社会を生き抜く「方略」として、あるいは自分の仕事をやりやすくするための工夫として、根回しや調整や関係者へのちょっとした気配りを、防衛本能として身につけてきたに違いありません。

これこそ、「組織のスキル」の典型です。

◆「業務のスキル」以外に「組織のスキル」がある

こうした部下には、まずは仕事には「業務のスキル」と「組織のスキル」があって、どんなに**「業務のスキル」が高くても、組織には一人で完結する仕事など存在しないため「組織のスキル」を身につけないとやっていけない**ということを伝えましょう。

そうした内容を教え込むには「**前始末**《まえ》」という表現を使うと、抵抗なくスッと腹落ちするようです。

その前始末という根回しを怠ると結局、仕事が滞ったり再調整に時間がかかったりで、下手をするとその仕事やプロジェクト自体がボツになって、それまでの苦労が水の泡となってしまうことも少なくありません。
組織にはいろいろな人がいますし、それまでの貸し借りやトレードオフといったしがらみが渦巻いています。

その調整を面倒くさがったり、批判するのは傲慢であり勘違いというのが、世界共通のコモンセンスといえるでしょう。

要は、一緒に仕事をする人に対して「失礼」なのです。

まずは、そこを乗り越えないと次のキャリアも始まらないので、「やりたい仕事」を手にするための通過儀礼として、そこから逃げさせない指導をしましょう。
どうしても「できない」と言うなら、できそうな第一歩から始めさせるとして、手を替え品を替え、小さなことからやらせてみて、手応えを感じさせながら進めましょう。
時に、見本、手本を示すことも必要になるでしょうが、依存心を生ませないように、基本的には本人主導にすることがポイントです。

「自分で考え、動く」を引き出す言い方㉕

「〇〇さん、前始末って知ってる？　後始末じゃなくって……」

好き／嫌い、得意／不得意ではなく、自分の仕事をやりやすくするための「根回し」（前始末）も仕事の一部（管理職ともなれば仕事の半分以上）、ということを教える

5位「一体どうすれば……」と天を仰ぎたくなる人に

NG できる人ほどつい出ちゃう残念な言い方㉖

「それじゃ成長できないよ。仕事をナメてない？」

ココがアブない！ これでは「何を、どうすればいいか」が伝わらない

◆「過度の一般化」という認識の歪《ゆが》みを修正する

生煮えと分かっていて企画書を提出し、上司から指摘（ダメ出し）されたら「直してきますので、この件は今日はここまでにして下さい」と、終わらせる意図が見え見えの部下。出来が悪いと言えばそれまでですが、確実にいるタイプです。

昭和の時代や平成初期にもこうした部下は存在していたものの、**「バカ野郎、てめえ何様**

だ。〝ここまで〟かどうかを決めるのは、てめえじゃねぇんだっ」と企画書をその場で破られるか、投げつけられておしまいになるとか、「使えねぇやつだなぁ」とつぶやかれて、その後、干されて戦力として扱われなくなってしまうことも……。

ところが、令和の現在は「バカ野郎、てめえ何様だ」という表現はパワハラとして人事部に通告される可能性がありますし、「使えねぇやつだなぁ」もアウトです。

こうした人材には低い評価をつけ、異動させてしまうことも少なくありませんが、こうした困った部下であっても、まずは軌道修正させて戦力化するのが上司のマネジメントの役割となります。

こうした場面でもっとも重要なのは、レビューの機会、指摘（ダメ出し）の意義を正確に伝えることとです。

この部下は、指摘（ダメ出し）を個人攻撃、人格否定と完全に誤解しています。これは**「過度の一般化」**という認識の歪みです。まずはこれを修正したい。

スポーツなど、例え話を用いると分かりやすいのですが、ゴルフやテニスを始めた時、上達段階に応じてコーチからグリップ、スタンス、打ち方を修正されるはずです。

その時のコーチは、現状がどうなっているか、現状がなぜダメかを指摘してから、正しいグリップ、スタンス、打ち方、フォームを細かく伝えていくはずです。

それが、もっとも効果が上がる指導法だからです。

仕事上のレビューもまったく同じです。

レビューは部下のスキルを高めるために、顧客や他部門に提出するに足りる水準を満たしているかどうかを確認する場であって、個人攻撃や人格否定の場と誤解してはならないと、部下が腹落ちするまで、切り口を変えて繰り返しましょう。

その場を「この件は今日はここまで」と打ち切ってしまうのは、特別な理由がない限り、場合によっては「勤務態度」に疑義が生じてしまいますので、ここは注意したいところです。

ついでに言っておくと、「素直かどうか」が、その後の成長を分ける分岐点となることも、ここで共有しておきたいと思います。

「○○さん、上の人は○○さんに成長して欲しいし、今が旬で成長のしどきだから、そのポテンシャルがあるからこそダメ出しするんだよ。期待の表れがダメ出しなんだから、そこから逃げてしまうと、成長機会を自分から奪ってしまうことにもなりかねないよ。もっともっと成長したいと思わない？」

ダメ出しの意義を正確に伝える
（ダメ出しは「人格否定」、「個人攻撃」ではないことを教える）

右のように言われて、ふてくされた時の言い方㉖-2

「『今日はここまで』って自分でシャットアウトすることから、何を得たと思う？　確かに、その場から解放された一瞬の解放感はあるかもしれないけど、もっとずっと大切な何かを失ったかもしれないよ。それって何だと思う？」

自分の頭で考えさせる

右のように言われて、得意気になった時の言い方㉖-3

「おお、さすが○○さん。やるやるとは思ってたけど、やっぱり着火してくれたね。

で、もう1ランク上の仕事を任せたいんだけど……」

気持ちよくその気にさせて、より負荷の高い仕事を任せる

6位「社外活動もいいけど」と諭したくなる人に

NG できる人ほどつい出ちゃう残念な言い方㉗

「社外でご活躍のようだけど、仕事もちゃんとやってね」

➡ココがアブない！ 皮肉にしか聞こえないので、信頼関係構築の障害になるリスクが大きい

◆自己効力感を味わわせる

社会活動、異業種交流会などには一生懸命だが、仕事はもうひとつ。あるいはサッパリの部下。

不本意な会社・部署だという意識が抜けなかったり、コミュニケーションに自信はあるが正確さばかり求められてイヤになっているなど、不満を持っている人に多いタイプです。

基本的に仕事以外に自分の居場所を作ろうとするのは、大いに結構ですし、私は推奨しています。

ただし、このケースで問題なのは、仕事はもうひとつだったり、サッパリだったりすることです。不本意な会社・部署だったことからくる**現実逃避が社外活動の動機になっているとしたらなおさら、「ONとOFF」の「ON」で自己効力感を味わわせる**ことがマネジメントの焦点となります。

本人のモチベーションリソースに気づいてもらうという意図で、

「○○さんにとって『会心の仕事』って、いつ頃の何の仕事だった？」

といった質問が基本形となります。

その対話を通じて、その「会心の仕事」が、誰と、どこで、何の仕事をやっていた時かを聞きます。さらに、そのエピソード、その時に大切にしていたことなどを深掘りします。

上司として、部下がどんな時にモチベーションが上がる人なのかを把握するだけでなく、そこを**本人にも気づかせたい**のです。

なぜなら、その時と近い状況をつくれば、モチベーションが上がるという特性を、セルフコントロールできるようになるからです。

◆「会心の仕事」がない人に向けて

中には「会心の仕事」のない人もいるかもしれませんし、そもそも新人、2～3年目の社員であれば、そうした機会はまだ訪れていないかもしれません。

その際は、学生時代を含めて**「もっともモチベーションが上がっていた時」**を聞くのがいいでしょう。

これも、誰と、どこで、何をやっていた時かを聞き、さらにはそのエピソード、その時に大切にしていたことなどを、先ほどと同様に深掘りしていきましょう。

「それもない」ということであれば、今度は「モチベーション」というキーワードを「集中してやり切った体験」に替えてみましょう。

別にモチベーションが湧いていたわけではないけれど、「集中してやり切った体験」は、ほとんどの人にあるはずです。

どんな人にも過去には「自己ベスト」があるので、どんな微細なことであってもその体験を引き出して、その周辺にあるエピソードを話してもらいながら、どういう要件が揃うとそれが出るのか、その傾向を押さえて欲しいのです。

◆「陽転思考」も使える！

また、不本意な会社・部署だという負の意識を引きずっているのは、3章の「4位 希望の仕事、配属先ではない人に」とほぼ同じケースですので、例の「陽転思考」の出番です。

「せっかく、この会社に入社したんだから〜」
「せっかく、この部署の配属になったんだから〜」

の「〜」以降を、本人に考えさせましょう。

現実逃避ばかりでは、現実の中で起こる喜怒哀楽に真剣に向き合うことができなくなるので、ビジネスパーソンとしての成長が遅れるだけでなく、人生を味わうことすらできなくなります。

現実逃避もメンタルヘルスケアのひとつには違いありませんが、ぜひ、部下を現実世界に引き戻し、会心の仕事で得られる自己効力感を味わわせてあげてください。

「自分で考え、動く」を引き出す言い方㉗

「○○さんにとって『会心の仕事』って、いつ頃の何の仕事だった？」

自身のモチベーションリソースに気づかせる

「せっかく、この会社に入社したんだから～」
「せっかく、この部署の配属になったんだから～」

陽転思考を用いる

7位 転職をチラつかせる人に

NG できる人ほどつい出ちゃう残念な言い方㉘

「どうせ転職するんだからって思ってない？」

➡ ココがアブない！ 非常に回答しにくい質問なので、対話の難易度を上げてしまう

◆**幼稚で世間知らずな部下に**

いずれ転職する、あるいは「長くはいないな、この会社には」と思っており、ハナから上司をナメている。

こうした部下も、既に紹介した「組織のスキル」があまりに幼稚というか「世間知らず」といった方がいいでしょう。

その一方で、この人の気持ちもよく分かります。

「入社してみたら、思っていたイメージと全く違った」

「尊敬できない上司や先輩ばかり。こんな会社に入るんじゃなかった」

「希望する企業に入れなかったので、仕方なく入社しただけだし」

という思いを抱えている人がいるのも事実です。

しかしこの人は、その思いを軽々に口に出したり、態度に出してしまっているのが問題なのです。


かつて、高学歴で他の名門商社の内定を蹴ってある企業に入社したSさんも、そんな一人でした。若干愚痴や文句が多い傾向はあったのですが、長時間労働にほとほと嫌気がさしたのでしょうか、

「やってらんねぇよこの会社、労基署とかで問題になってねぇのかなぁ」

と、皆に聞こえるように言ってしまったのです。

◆「言っていいこと、悪いこと」、コミュニケーションのTPOを教える

その時、すぐに立ち上がってSさんを呼び出したのは上司ではなく、マネジャーをサポートする役割の先輩社員でした。

「Sの気持ちも、言いたいこともよく分かる。でも、皆の前でそういうことは言うな」

と、普段はひょうきんな先輩社員が、初めて見せる真剣な表情で諭したのです。

Sさんはその表情に圧倒され、すぐに言ってはいけないことだったと気づいて、ひと言「スイマセン」と。

普段なら、口答えなり、言い訳をするSさんが神妙な表情で「スイマセン」と言ったのは、反省したからに違いありません。

それからそうした言動は少なくなり、結局Sさんは30代半ばで課長になりました。

さて、上司や会社をナメていることが、上司や周りに透けて見えてしまう部下は、組織における「言っていいこと／いけないこと」、「やっていいこと／いけないこと」の区別が

できない人と言えるでしょう。

「言ってはいけないこと」を言ってしまい、「やってはいけないこと」をやってしまうのは、**その後どうなるのかを予測できないからです。**

こうした部下には、その部下の言動によって、「その後どうなるのか」を想像させ、予測させるコミュニケーションが基本になります。

◆**行動変容につながるフレーズの文法**

例えば、いずれ転職する、あるいは「長くはいないな、この会社には」と思っていることが透けて見えて、ハナから上司をナメている部下に対しては、その態度こそが転職活動の障害になるということを示唆する方法があります。

「〇〇さん、いずれ転職する希望があるなら、なおさら言っておくけど、この3ヶ月だけでも今の仕事にベストを尽くしてみようか。
ところで、レファレンスチェックって知ってる?」

レファレンスチェックというのは、前職の上司や同僚に、応募者の業務実績や人物像などを確認することで、アメリカの企業では一般的です。

日本企業で、レファレンスチェックがない会社でも、エージェントの担当も企業の面接官も面接、採用のプロなので、こうした人材を弾く面接ノウハウを持っています。このIT時代、SNSなどによってレファレンスチェック的な人物調査も容易になっているので、注意を促したいところです。

このフレーズのキモは、**「いずれ転職する希望があるなら」**と明言し、**「なおさら言っておくけど」**と強調し、**「この3ヶ月だけ」**と期限を限定し、**「今の仕事にベストを尽くしてみようか」**と誘っている点です。

その上で「レファレンスチェック」の話を持ち出す。

「レファレンスチェックって知ってる?」だけだと、嫌みに取られる可能性もありますが、その前の一文は要望であり、誘いなので、「最後にしっかり結果を出して、いい転職活動にしよう」という激励になるため、行動変容につながりやすくなります。

「自分で考え、動く」を引き出す言い方㉘

「○○さん、いずれ転職する希望があるなら、なおさら言っておくけど、この3ヶ月だけでも今の仕事にベストを尽くしてみようか。ところで、レファレンスチェックって知ってる？」

上司や会社をナメていると不利になるという「転職の常識」を教える

＊レファレンスチェック――前職の上司や同僚に、応募者の業務実績や人物像などを確認すること

8位「まだ本気出してない」と言いたげな人に

NG できる人ほどつい出ちゃう残念な言い方㉙

「勘違いしてると思うんだけど、何様のつもり？そんなことより、早く結果出してくれない？」

➡ココがアブない！「意図」は正しいものの「言い方」が昭和的

◆**「天狗《てんぐ》の鼻を折る」より「ポジティブ・イリュージョン」**

業界の有名人など脚光を浴びる人に憧れていて、「オレは（私は）いずれああいう存在になりたい。こんなショボいオッサンだらけの会社にいる人間じゃない」などと思っている夢想家ゆえ「この会社の上司なんてナンボのもんだよ」とナメている部下が、残念ながらいます。

昭和の時代もこうした部下は散見されましたが、多くは「天狗の鼻を折る」ために、

「お前、勘違いしてると思うんだけど、何様のつもり？　そんなことより、早く結果出してくれない？」

と対応されてきました。

しかし、よく考えてみると、鼻を折ることはできたとしても、その部下や上司、会社のためにはなったのでしょうか？

令和の現在、こうした部下に対し、本人のためにも、上司のためにも、会社のためにもなる方法として紹介したいのが**「ポジティブ・イリュージョン」**という概念です。

「ポジティブ・イリュージョン」というのは、そのまま日本語に直訳すれば「前向きな幻想」となってしまいますが、要は「豚もおだてりゃ木に登る」という概念を前向きにどんどん使いましょうという考え方です。

正直に言いますと、私自身がリクルートの新人時代、こうした部下だったかもしれない

のです。

部会に集まった数十人の前で「私はこれから10億、100億円のビジネスをつくっていく人間なので～」と発言し、同じ課の上司や先輩を軽視し、全社的なスター管理職や営業パーソンをリスペクトし、そうした人との関係を築く行動を取っていました。

そういう意味ではイヤな部下であり、後輩だったはずです。

そんな時、私の所属する東京営業部の飲み会がありました。

隣に座ったのは他の課の課長のJさん。周りの人と歓談する中、営業の話になり、鳴り物入りで東京営業部に迎えられたJさんに、「ねぇJさん、僕はこのまま営業を続けていって、いつかIMさんを抜く日が来るんですかねぇ？」と質問したのです。

IMさんは、天才とまで評された、当時の花形営業部の伝説的な営業マンのことです。

Jさんの回答は、「寿《ことぶき》、お前はすでに抜いている」というものでした。ちなみに「寿」というのは私のあだ名です。

もちろん、「抜いている」事実などまったくありません。周りは当時流行っていた『北斗の拳』の主人公の決め台詞「お前はすでに死んでいる」をもじってシャレで言ったと思っていたでしょう。

イメージが湧くようにエピソードで紹介しましたが、このJさんの発言がポジティブ・イリュージョンそのものです。

逆説的な方が腹落ちしやすいので、補足しておくと**「目の前の相手のやる気を、正論で削《そ》ぐな」**ということです。このエピソードの場面での正論は**「そんなことを考えること自体が、十年早い」**といった類でしょう。

ただ、そう言われたら、私は「そうですよねぇ」と返答するだけで、その後の人生は何も変わらなかったでしょう。

予想すらしなかったJさんの「寿、お前はすでに抜いている」に、その後私がどれだけ励まされたか……。

これが、ポジティブ・イリュージョンです。

まさに「豚もおだてりゃ木に登る」で、部下や後輩がやる気になるなら、コンプライアンスや公序良俗に反しない限り、誇張した表現でもまったくかまわないので、どんどん前向きにさせようというものです。

◆夢想を実現させる共犯者になる

ですから、「**『本気出したらこんなもんじゃない』とか思ってない?**」と言いたくなる部下にこそ、たとえそれが夢想であっても、共犯者としてその夢想を実現させるお手伝いをしてしまいましょう。

「そろそろ、○○さんの能力を形にする段階に入ろうよ。その実現のために手伝えることってあるかな?」

夢想を夢想で終わらせず、「念ずれば通ず」の科学的根拠である「ピグマリオン効果」の効用も利用しつつ、部下のやる気をマックスにさせることが、部下、上司、会社のためになるベストな選択に違いありません。

ポジティブ・イリュージョンで、職場を埋め尽くしましょう。

「自分で考え、動く」を引き出す言い方㉙

「そろそろ、○○さんの能力を形にする段階に入ろうよ。その実現のために手伝えることってあるかな?」

夢想を実現させる片棒を担ぐ

9位　上司の足元を見ている人に

NG　できる人ほどつい出ちゃう残念な言い方㉚

「オレの足元見てない？」

ココがアブない！　部下のペースに巻き込まれてしまうリスクがある

◆**対症療法より、その背景、人となりを押さえる**

「中間管理職の言うことなんて適当に聞き流しとけばいい。どうせ強くは言えない立場なんでしょ？」

「（その上の）部長や役員から言われるまではスルーで平気でしょ」

と、上司の足元を見ている人。

困った部下には違いないのですが、仕事ができる人なのか、できない人なのかで、対応が異なってきます。

◆どんなに小さくても部下のモチベーションリソースを探す

最初に紹介したいケースは、仕事のレベルが平均以下というケース。ローパフォーマーな上に態度がこれでは、先が思いやられます。

数十名以上を通年採用するいわゆる大手企業では、SPIテストといった適性検査や何段階かの面接でこうした人材を弾こうとしていますが、なぜか紛れ込んでしまう場合もあります。

また、そもそも不人気業種では、よほどのことがない限り、応募した人を採用せざるを得ないという企業さえあります。

ですから、社会人としての常識に「?」がつくような人材が入社してくるのです。昭和の時代であれば、上司や先輩のパワーマネジメントといわれる叱責などの対象になっていましたが、今の時代、その対応では完全なパワハラです。

むしろ現在では、何かの一言によって行動変容を促すより先に、なぜこうした人格となってしまったのか。その背景や糸口を探って、改善のヒントを見出す方が効果が出ます。

そうしたヒントは、そうした人なりにモチベーションが上がっていたのは誰と何の仕事をしていた時か、そのエピソード、その時に大切にしていたことなどの周辺情報を丁寧に聞いていくことでつかめます。

これは、直接的にではなく間接的に問題を解決しようとするアプローチですから、**間接的問題解決**といってもいいでしょう。

具体的には、評価面談など改まった面談か1《ワン》on《オン》1《ワン》で行うイメージで、フレーズは、

「〇〇さん、ひとつ質問いい？　この会社に入って、〇〇さんが一番モチベーションが上がっていたのは、何の仕事してた時？」


といった感じです。

その中で発見したいのが、その部下のモチベーションリソース、つまりやる気に着火す

るポイントです。それさえ分かれば、そこを刺激するような仕事の与え方、マネジメントを展開できるようになります。

そのコミュニケーションが盛り上がれば、逆にモチベーションが下がっていた時のことを、同じ流れで聞いてもいいでしょう。

「逆に、一番モチベーションが下がっていたのは？」

というふうに。

心を許さなければモチベーションの下がった時のことは話さないかもしれないので、その頃合いは見計らわなくてはいけません。

モチベーションダウンの原因が分かると、本人の理解も進み、そこを避けるマネジメントができるようになります。

このあたりに注意を払うと、ほんのささいなことがモチベーションダウンの原因になっていることや、ものすごく個人差が激しいという発見もあって、個別のマネジメントがやりやすくなります。

次に、仕事ができる部下の場合です。
その場合は、1レベル高い仕事を任せ、ストレッチをかけるのが効果的です。

「○○さんのレベルはかなり高いので、レベルに合った仕事をアサインするようにするね」

といった言い方になるでしょうか。
仕事ができる人間というのは、基本的に賢いので、自分が認められていると分かれば反発、反抗する必要もなくなりますから、組織で自分がマイナスの評価を受ける行為は慎むようになります。

「○○さん、ふたつ質問いい？　この会社に入って、○○さんが一番モチベーションが上がっていたのは、何の仕事してた時？　逆に、一番モチベーションが下がっていたのは？」

なぜ、○○さんがそういう人格となっていったのか、その背景の糸口を探る

「○○さんのレベルはかなり高いので、レベルに合った仕事をアサインするようにするね」

1レベル高い仕事を任せ、ストレッチをかける

◉上司と部下とでは立場が違う

パワハラ、セクハラ、マタハラといった「～ハラ」に関する社会認識が広がり、企業のマネジメントも大きな変質を遂げている渦中にあります。

良い方向に向かっているのは間違いないのですが、その副作用として「問題のある部下だが、うかつなことを言うとよろしくないから、もう何も言わない」という上司も増えています。

その気持ちはよく分かります。が、それでは、「売り言葉に買い言葉」ではありませんが、部下と上司の視座が同じになってしまいます。

視座というのは、「どこから見るのか」という意味です。

同じものを見るにしても、その組織での立場やポジションによって「見えるもの」が違ってきます。経営者であれば全体を俯瞰《ふかん》的に見ますし、中間管理職は自部門単位、チーム単位で見るはずです。一方、新人や若手社員、一般社員は「自分」中心で見ているでしょう。**そもそも視座が異なるので、コミュニケーションに齟齬が生じるのは当たり前ともいえます。**

◉なぜそういう人間になったのか、背景や経緯を押さえる

いわゆる「困った部下」に対応する局面では「言い方」をどうするかの前に、その部下はどのようにそういう人間になっていったかという、背景や経緯を押さえるのが先決です。

しかし、さすがに本人にダイレクトには聞けないので、それまでの人生や職務経歴周辺の事項について、人となりが分かるように、さりげなく日常会話の中で把握していくことです。

そういう人となりになったのには、必ず、背景や要因があります。

上司がこうした思いに至ると、部下に、「プライベートには踏み込まないでください」とシャットアウトされる可能性もあるので、あくまで「さりげなく」、「間接的に」、「日々の観察の中で」、「普段の言動の中で」把握するようにしましょう。

◉それでも「信頼の根拠」、「信頼の内容」を把握しようとすること

まずはその部下の「強み」、「長所」、「信頼の根拠」、「信頼の内容」といったポジティブ面をしっかりと明確に把握して欲しいと思います。

その上で、粛々と淡々と言うべきこと、言いたいこと、要望を伝えることとです。

その際、人格について言っているのではなく、仕事の進め方、段取り、やり方、態度についての行動変容を要望していることを明確に告げましょう。

さらに行動変容について約束してもらい、期限まで決められればベストです。

約束が果たされなかった場合は、最初のステップ、次のステップを話し合い、試行錯誤を繰り返しながら継続しましょう。

それでも手に余る場合は、上司や同僚、場合によっては人事やマネジメント研修の講師などの専門家、雇用問題に詳しい弁護士にアドバイスを求める手もあります。

大原則は**「一人で抱えない」**ということです。部下の育成というのは個人戦ではなく、組織という団体戦だからです。

おわりに

以上、30のケースに対応するための「言い方」を紹介してきました。
あなたが担当する部下・後輩とあなたの性格やキャラクターに応じて、どんどんアレンジして使ってください。

本書では、すべて原理・原則に基づくもの、そして諸先輩の現場での使用で生き残ったものだけを紹介しています。効果がなかった場合はぜひ、微修正を繰り返し、成果が出るように改良してみてください。

その際、そのマネジメント場面ごとに「どういう意図」で、「何と言うか」という2点でとらえ、後者については指示、命令、説明、激励、期待、共感、指摘、質問、示唆、叱責といった10のコミュニケーションの様式から、ベストな様式を選択してください。

というのも、意図は正しくても「言い方」あるいはこのコミュニケーションの様式がミスマッチなために、成果が出ないとか、逆効果を招く残念な言い方になっているケースがあまりにも多いのです。

たとえば、新人でまだスキルが低い人には、指示、命令、説明を繰り返してまずはレールに乗せるしかありません。

しかし、逆にスキルもモチベーションも高い人に対して指示、命令、説明を繰り返すと、「そんなこと分かっている」と、細かいことにまで口を挟む上司として、やる気が落ちてしまい、逆効果になるのです。

こうした人には、とにかく「任せる」。

その上で、必要に応じ「あの件、今どうなってる?」と示唆したり質問したりするのが、部下への言い方がうまい上司の共通点です。

このように、コミュニケーションの様式や言い方の中でもっとも重要なのが、行動変容を起こすために相手の自己決定を促す「質問の技術」です。

これが習慣化できれば、あなたも「あの人、部下への言い方うまいよね」と言われる存在になれるはずです。

実は部下の育成は、上司の人格や能力といったフワッとしたものではなく、その場にふさわしい対処の仕方、方法をいくつ知っているかで決まってしまうものです。

どうか、ここで紹介した方法をどんどん使って、あるいは改良、改善、カスタマイズして、部下や後輩の育成に役立ててください。

あなたが、「あの人、言い方うまいよね」と噂されるようになるのを、心から楽しみにしています。

大塚　寿

本書は青春新書インテリジェンスのために書き下ろされたものです

青春新書
INTELLIGENCE

こころ涌き立つ「知」の冒険

いまを生きる

"青春新書"は昭和三一年に——若い日に常にあなたの心の友として、その糧となり実になる多様な知恵が、生きる指標として勇気と力になり、すぐに役立つ——をモットーに創刊された。

そして昭和三八年、新しい時代の気運の中で、新書"プレイブックス"にその役目のバトンを渡した。「人生を自由自在に活動《プレイ》する」のキャッチコピーのもと——すべてのうっ積を吹きとばし、自由闊達な活動力を培養し、勇気と自信を生み出す最も楽しいシリーズ——となった。

いまや、私たちはバブル経済崩壊後の混沌とした価値観のただ中にいる。その価値観は常に未曾有の変貌を見せ、社会は少子高齢化し、地球規模の環境問題等は解決の兆しを見せない。私たちはあらゆる不安と懐疑に対峙している。

本シリーズ"青春新書インテリジェンス"はまさに、この時代の欲求によってプレイブックスから分化・刊行された。それは即ち、「心の中に自らの青春の輝きを失わない旺盛な知力、活力への欲求」に他ならない。応えるべきキャッチコピーは「こころ涌き立つ"知"の冒険」である。

予測のつかない時代にあって、一人ひとりの足元を照らし出すシリーズでありたいと願う。青春出版社は本年創業五〇周年を迎えた。これはひとえに長年に亘る多くの読者の熱いご支持の賜物である。社員一同深く感謝し、より一層世の中に希望と勇気の明るい光を放つ書籍を出版すべく、鋭意志すものである。

平成一七年　　刊行者　小澤源太郎

著者紹介

大塚　寿〈おおつか　ひさし〉

1962年群馬県生まれ。株式会社リクルートを経て、サンダーバード国際経営大学院でＭＢＡ取得。現在、オーダーメイド型企業研修、営業研修を展開するエマメイコーポレーション代表取締役。リクルート社の伝説の営業パーソンが講師陣に名を連ねるオンライン営業研修「営業サプリ」において「売れる営業養成講座」の執筆・総合監修を務める。著書に『リクルート流』(PHP研究所)、『〝惜しい部下〟を動かす方法ベスト30』(KADOKAWA)、ベストセラー『40代を後悔しない50のリスト』(ダイヤモンド社)、『50代 後悔しない働き方』(青春新書インテリジェンス)などがある。

自分《じぶん》で考《かんが》えて動《うご》く部下《ぶか》が育《そだ》つ
すごい質問《しつもん》30

青春新書
INTELLIGENCE

2021年３月15日　第１刷

著　者　大塚《おおつか》　寿《ひさし》

発行者　小澤源太郎

責任編集　株式会社プライム涌光

電話　編集部　03(3203)2850

発行所　東京都新宿区若松町12番１号　〒162-0056　株式会社青春出版社

電話　営業部　03(3207)1916　振替番号　00190-7-98602

印刷・中央精版印刷　製本・ナショナル製本

ISBN978-4-413-04614-5